民族之魂

恤孤念寡

陈志宏◎编著

延边大学出版社

图书在版编目（CIP）数据

恤孤念寡 / 陈志宏编著 . -- 延吉 : 延边大学出版
社 , 2018.4（2023.3 重印）
（民族之魂 / 姜永凯主编）
ISBN 978-7-5688-4494-9

Ⅰ.①恤… Ⅱ.①陈… Ⅲ.①品德教育—中国—青少
年读物 Ⅳ.① D432.62

中国版本图书馆 CIP 数据核字（2018）第 069508 号

恤孤念寡

编　　　著：陈志宏
丛 书 主 编：姜永凯
责 任 编 辑：孙淑芹
封 面 设 计：映像视觉
出 版 发 行：延边大学出版社
社　　　址：吉林省延吉市公园路 977 号　　邮编：133002
网　　　址：http://www.ydcbs.com　E-mail：ydcbs@ydcbs.com
电　　　话：0433-2732435　　　　传真：0433-2732434
发行部电话：0433-2732442　　　　传真：0433-2733056
印　　　刷：三河市同力彩印有限公司
开　　　本：640×920 毫米　　　1/16
印　　　张：8　　　　　　　字数：90 千字
版　　　次：2018 年 4 月第 1 版
印　　　次：2023 年 3 月第 2 次印刷
ISBN 978-7-5688-4494-9

定价：38.00 元

人有灵魂，国有国魂；一个民族，也有民族魂。

鲁迅先生曾经说过："唯有民魂是值得宝贵的，唯有他发扬起来，中国才有真进步。"

鲁迅先生以笔代戈，战斗一生，曾被誉为"民族魂"。

民族魂，顾名思义，就是一个民族的灵魂！民族魂，是一个民族的精髓，体现了一种民族的精神，是一个民族生存和存在的精神支柱。

什么是中华民族的民族魂？那就是中华民族精神！它是中华民族凝聚力的理念核心，是中华文明传承的基因。它包含热烈而坚定的爱国情感，对生活的美好愿望和追求，为目标努力奋斗的拼搏毅力，为正义事业不惜牺牲自己的精神，以及正确的人生观和价值观。

前 言

翻开浩瀚的中国历史长卷，我们可以看到数不胜数的，体现民族精神和民族魂的英雄人物和可歌可泣的感人故事。

民族魂，不仅体现在爱国主义精神和行动中，而且体现在各个领域自强不息的民族奋斗中。而中华民族精神的力量，更是深深植根于延绵几千年的传统文化之中，始终是维系中华各族人民共同生活的纽带，是支撑中华民族生存和发展的精神支柱，是不断推动中华民族前进的强大动力。

民族魂体现在"重大义，轻生死"的生死观中；民族魂体现在"国家兴亡，匹夫有责"的使命感中；民族魂体现在"我以我血荐轩辕"的大无畏精神中；民族魂体现在将国家利益置于最高的爱国情怀中！

纵观中华五千年文明史，曾经有多少杰出的政治家、军事家、思想家、文学家、科学家、艺术家；曾经有多少忧国忧民、鞠躬尽瘁的仁人志士；曾经有多少抗击外敌、英勇献身的民族英雄。他们或顺应历史潮流，积极改革弊政，励精图治，治国安邦，施利于民；或为人类进步而不断进行着农业、工业、科技、社会等各种创新；或开发和改造河山，不断创造着灿烂的中华文明；或英勇反击外来侵略，捍卫着国家主权和民族尊严；或坚决反对民族分裂，维护国家的统一……他们从不同的侧面，体现了中华民族的民族魂，谱写了几千年中华文明的壮丽诗篇，铸造了中华民族高尚而坚不可摧的"民族之魂"。

民族魂，就是爱国魂。从屈原在汨罗江边高唱的《离骚》，到文天祥大义凛然赴死前的"人生自古谁无死，留取丹心照汗青"的诗句；从岳飞的岳家军抗击入侵金兵，到郑成功收复台湾；从血雨腥风的鸦片战争，到硝烟弥漫的十四年抗战，再到抗美援朝的隆隆炮声……哪个为国捐躯的英雄不是可歌可泣的？

民族魂，就是奋斗魂。从勾践卧薪尝胆，到司马迁秉笔直书巨著《史记》；从鉴真东渡传播佛法终在第六次成功，到詹天佑自力更生建铁路；从袁隆平百次实验成为"水稻之父"，到屠呦呦的青蒿素获得诺贝尔奖……哪个不是历经艰难，最终取得成功？

民族魂，就是改革献身魂。从管仲改革到商鞅变法；从王安石变法到百日维新……哪次变法图强不是要冲破

民族之魂

旧势力的阻挠，或流血牺牲？

民族魂，就是创新魂。 古有毕昇发明活字印刷，今有王选计算机照排；古有指南针、造纸术、火药、浑天仪、地动仪的发明，今有神舟号的相继飞天……哪个不是中华民族的智慧结晶？

自古以来，多少仁人志士为了维护人格的尊严和民族气节，以生命为代价！留下了"玉可碎不可污其白，竹可断不可毁其节"的称颂；有多少英雄豪杰，为理想和事业奋斗，面对死亡的威胁，大义凛然；有多少爱国壮士面对侵犯祖国的列强，挺身而出而献出生命。

伟大的中华民族孕育了五千年的辉煌，五千年的历史留下了璀璨的中华文明。

前 言

中国人的血脉流淌着顽强不屈的精神！我们的先辈用血汗和生命铸就了不朽的中华民族魂！换得如今中华大地的一片祥和安宁，换得我们现在的幸福生活。如今，我们要实现习近平主席提出的中国梦，依然需要我们秉承祖辈留下的这种"民族魂"。

青少年是国家的希望，亦是民族的未来。因此，爱国主义教育和励志图强教育要从青少年开始。为了增强对青少年的民族精魂和志向教育，我们精心编写了本套丛书——《民族之魂》丛书。

本套丛书将我国有史以来体现民族精神和民族魂的典型事迹，以通俗易懂的语言故事形式展现出来，适合青少年的阅读水平和欣赏角度。书中提供的人物和事件等故事，涉及社会的各个方面，有利于青少年学习和理解，使读者能全方位地领悟中华民族精神。

为了帮助读者更好地理解和吸收故事的精神，编者在每篇故事后还给出了"心灵感悟"，旨在使故事更能贴近现实社会，让读者结合自身的需要学习领会，引发读者更深入的思考。

希望读者们可以从本套图书中获得教益，通过阅读，真正体会到中华民族之魂所在，同时能汲取其精华，不断提升自己各方面的素质和品格，为祖国新时代的建设和发展做出努力。

全套丛书分类编排，内容详尽，风格独具，是广大读者尤其是青少年爱国励志教育的优秀阅读材料。相信本套丛书一定可以成为青少年朋友的良师益友。

民族之魂

导言

　　恤，是体谅、理解之意；寡，是孤独的、少的；怜贫，就是同情和可怜贫穷弱小的人。恤寡怜贫是中华传统美德之一，引申而言就是同情弱者，理解和帮助弱者。不管是个人还是为官者还是集体，能够做到恤寡怜贫，都是被人称颂的行为。这个行为历来是一种符合社会公德要求的社会互助行为，它表现在社会生活中的各个方面，在当今更是社会主义精神文明建设的重要内容。

　　在不同的社会历史条件下，恤寡怜贫有不同的特点和表现形式。"居庙堂之高则忧其民，处江湖之远则忧其君"，这是历代许多励精图治的先贤们忧国恤民美德的生动反映。忧国恤民也是我国道德的优良传统。忧国，既包括君主在治理国家时关心国事、致力于长治久安的精神和行为，也包括各级官吏在辅佐君主和管理政事时为国分忧、勤于吏治的种种行为。恤民，是指统治阶级从"民为邦本""水可载舟，亦可覆舟"的认识出发，将利民便民与治国安邦联系起来，体谅民众的疾苦，关心百姓的生活。

　　我国历史上流传下来许多"恤寡怜贫"的历史故事，如"郑板桥卖字赈灾""沈道虔乐于助人""东坡助人偿债""韩愈为民请命""富弱无私助灾民"等，都生动地展现了恤寡怜贫的传统美德。恤寡怜贫、扶危济困等自古流传的道德伦理，夯实了中华民族的精神基石。同情弱者、予以关爱，是我们这个社会发展、进步的动力所在。在社会主义新时期，恤寡怜贫是全社会对弱势群体的一种关爱。只有为弱势群体创造自食其力的必要条件，才会促进人民的共同发展。当前，在深入贯彻落实科学发展观、创建和谐社会的历史新时期，一个良好的社会环境决定了一个国家的发展方向。继承和发扬传统文化，需要我们全社会共同努力，共同营造赈穷恤寡、济危扶困的社会主义环境。

在本书中，我们选编了一些古代先贤"恤寡怜贫"的故事，也讲述了发生在当今社会中真实感人的故事。这些故事之所以令人感动，在于它们承载了5000年灿烂的中华文明孕育而成的传统美德的力量，闪耀着永恒的光辉。希望广大读者阅读此书后，能够从中受到更多的启迪和教益；在自己今后的生活和工作中，能够做到善良友爱，同情弱者，乐于助人；注重自己的修行和高尚道德的培养，成为新时期情操高尚、有修为的人，为祖国的和谐发展做出自己应有的贡献。

目录
CONTENTS

第一篇

为官为善忧国恤民

何易于为民烧诏书

何易于，唐太宗太和年间（827—835）益昌（今四川广元市南）县令。为官清正廉洁、勤政爱民。

唐朝文宗年间，有一位为人正直、一心为百姓谋福、不畏强权，时刻把百姓的利益放在首位的县令。他就是益昌县的县令何易于。

益昌（今四川广元市境内）地处山区，属于丘陵地带。在那个完全靠天吃饭的年代，土地的好坏直接影响着当地的经济发展。庄稼收成不好，可愁坏了当地的百姓，他们只能依山种茶，勉强糊口，维持生计。生活的窘困压得人喘不过气来，可百姓们又能有什么办法呢？他们只有忍受。而这一切都装在何易于的心里。

身为县令的何易于很苦恼。他觉得自己为官一任，本该为百姓谋福，可他却不知如何是好。就在这时，唐文宗下了一道诏书。

唐文宗的诏书目的十分明确，就是要加大对地方税收的管理力度，整顿各项专卖制度，解决朝廷财政的不足。

其实，说到这些何易于都不恼，最让他恼火的是诏书中说：要向全国各地征收茶税，并明令地方官不得为百姓隐瞒茶叶收入。生活如此窘困的茶农，突然间又要被加收茶税，这无疑是雪上加霜。

何易于手中接过刚刚宣读过的诏书，心情十分沉重。他清楚地知道，一旦征收茶税，益昌百姓将断绝仅有的收入来源。对种茶的百姓而言，他们的生活会变得越来越惨淡。

想到这里，何易于叹了口气，推开房门，走进厅堂，向传旨的官员陈述当地百姓的疾苦，并要求传旨的官吏能够撕毁这害民的诏书。但传旨官员苦于畏惧诏命，出于无奈，誓不肯从。

传旨的官员对何易于说："诏书中写得清清楚楚，地方官员不得替百姓隐匿实情。你胆子不小，不但隐瞒实情，还要撕毁诏书，这不是罪加一等吗？"

传旨的官员本就是宣读旨意，照章办事的，皇命难违。但眼前的这位官员也很敬业，不但传旨，还大有训斥何易于的架势，接着说道："我要是真听了你的话，就是死路一条，你也好不了，也会被免官放逐。"

何易于根本听不进去对方的话，回答道："我是一县之令，岂能只顾爱惜自己的性命，而使全县黎民百姓受苦呢！若你不肯撕，我亲自动手。"随即把诏书烧了。

传旨的官员没有因为何易于的举动而找他的别扭，而是如实地将这件事情向负责征收茶税的观察使做了汇报。观察使为何易于的举动所感动，不但没有追究他的过错，反而免除了当地的茶税。

□故事感悟

何易于为了百姓的利益，冒着杀头的罪，毅然将皇上的诏书点燃。这在当时是拿生命当儿戏，是犯了死罪的行为。但他没有怕，为了让百姓少受苦，他豁出了自己的性命，是一位值得尊敬的好官。

何易于引舟

何易于曾任益昌县令。益昌县距离州郡长官的驻地有40里远，县城在嘉陵江南岸。刺史崔朴曾经趁着大好春光，从上游带着许多宾客唱歌饮酒，乘船东下，从益昌县旁笔直穿过。路过时，崔朴命令县里派民夫拉船。何易于立刻把自己的手插在腰带上，刺史惊讶地问其原因。何易于说："现在正是春天，老百姓不是耕田就是养蚕，一点儿空闲时间也不能占用。我何易于是这个县的县令，当我没有事情可以做时，我可以充任劳役。"刺史和宾客羞愧地跳下船，借来马一起骑着离开了。

诏　书

诏书是皇帝布告天下臣民的文书。在周代，君臣上下都可以用诏字。秦王嬴政统一六国，建立君主制的国家后，自以为"德兼三皇，功高五帝"，号称始皇帝，自称曰朕。并改命为制，令为诏，从此诏书便成为皇帝布告臣民的专用文书。汉承秦制，唐、宋废止不用，元代又恢复使用。明代用诏书宣布重大政令或训诫臣民。

《说文解字》解释"诏"："告也，从言从召。"郑玄为"诏"作注，谓"诏，告也"。诏书有一定的格式，比如清朝时的诏书起首句一定是"奉天承运皇帝，诏曰"，结尾语为"布告天下，咸使闻知"或"布告中外，咸使闻知"，中间则叙述诏告天下事件的内容。

清朝时，诏书由内阁拟稿，经大学士定稿进呈；皇帝批阅后，以墨笔楷书，由右至左直写，写在大幅黄纸上，中间及纸张接缝处钤"皇帝之宝"玺。制作完成后的诏书称为"诏黄"，以极其隆重而繁复的礼仪，送至天安门城楼上宣读，布告天下。宣诏礼成，由礼部接诏，立即誊写或雕板印刷多份，由驿道分送各地，再由地方官员接诏、宣诏。誊写的诏书，称为"誊黄"；雕板印刷的诏书，称为"搨黄"。

范仲淹资助孙秀才

范仲淹（989—1052），字希文，原名朱说。北宋政治家、文学家、军事家。谥号文正。汉族。祖籍陕西彬州（今陕西省咸阳市彬县），生于苏州吴县（今江苏省苏州市）。真宗大中祥符八年（1015年）进士，恢复范姓，后官至参知政事（副宰相）。

范仲淹在睢阳做学官时，经常以自己的薪俸资助穷苦的读书人。也许是范仲淹济贫解难出了名，因此总会有人主动上门求助。

有个姓孙的秀才，希望能够得到范仲淹的帮助。范仲淹便满足了孙秀才的请求。

第二年，这位孙秀才又来了，范仲淹又答应赠给他十缗铜钱。不过，这次范仲淹问他："你这样辛苦地奔波，究竟为什么？"

孙秀才悲伤地回答："因为我没有办法养活老母亲，只好这样奔波，来求得一些帮助。倘若我每天能有100个铜钱的收入，就足够维持生活了。"

听了孙秀才的话，范仲淹陷入了沉思，没有再说什么。他留孙秀才先住下，答应明天送钱给他。

夜已经很深了，范仲淹仍旧认真地读书。这时，夫人给他送夜宵了，范仲淹放下了书本，端着碗吃了起来。夫人站在一旁，看着丈夫吃得香甜，露出了满意的微笑。不过，不知道是怎么回事，范仲淹突然停了下来，把筷子停在了半空，不吃了。夫人问他："你怎么不吃了？难道有什么不对？"范仲淹没有说话，只是对夫人摇了摇头。

原来，范仲淹由眼前的夜宵想到了那个靠别人施舍坚持读书的孙秀才。他想，假如我能给孙秀才安排个职位，从根本上解决他的生活问题，对他追求学问肯定是有补益的。范仲淹打定了主意，便又接着吃了起来。

第二天，范仲淹对孙秀才说："我看你也不是好吃懒做、专门向人乞讨混日子的人，这样辛苦奔波能得到多少资助？我替你补一个学职，每月有三千的薪俸，可供衣食之需。但有这安排以后，你能安心在学习上下功夫吗？"范仲淹对于孙秀才的学习态度似乎还没有十足的把握。

孙秀才听了范仲淹为自己做出的安排特别高兴，满口应承，并一再拜谢。于是，范仲淹安排他研习《春秋》。

从此以后，孙秀才学习刻苦，经常学习到深夜。同时，他十分谨慎，严格要求自己，范仲淹对他很满意。

过了一年，范仲淹的职务有了变化，孙秀才也结束学业回去了。也就是由此，范仲淹与这位孙秀才失去了联系。

10年以后，人们都说在泰山脚下有位教授《春秋》的学者孙明复先生，学问和修养都很好，受到人们的赞誉。朝廷把这位有影响的孙先生请到太学来。原来这位孙明复先生，就是当年范仲淹资助过的孙秀才。

面对孙明复的变化，范仲淹很有感触地说："贫穷，对于一个人的生活来说的确很难。如果衣食没有保证，四处奔波，即使是孙明复那样的人才，也会被埋没的。"

人们在敬佩范仲淹济贫解难精神的同时，也逐渐认识到，物质条件对人的成长进步有着重要的作用。

□故事感悟

一定的物质条件，好的生活环境，对一个人的成长与进步有着重要的作用；反之，想奠定知识与学问的基础就只能是空想。范仲淹懂得物质条件对人才成长的重要，因此他自掏腰包周济贫穷的读书人，最终成就了一位人才。

□史海撷英

庆历和议

康定元年（1040年）至庆历二年（1042年）间，西夏连续对宋发动了3次大规模的战事，宋朝每次都遭到惨败。西夏虽屡胜，但掳掠所获财物与先前依照和约及通过榷场贸易所得物资相比，实在是得不偿失。

庆历四年（1044年），宋朝与西夏最后达成协议。和约规定：夏取消帝号，名义上向宋称臣；宋、夏战争中双方所掳掠的将校、士兵、民户不再归还对方；从此以后，如双方边境之民逃往对方领土，都不能派兵追击，双方互相归还逃人；双方在本国领土上可以自由建立城池；宋朝每年赐给西夏银5万两，绢13万匹，茶2万斤；另外，每年还在各种节日赐给西夏银2.2万两，绢2.3万匹，茶1万斤。

庆历和议达成后，元昊多次派遣使者到宋朝，请求宋朝开放边境地区的互市。庆历五年（1045年），宋朝政府决定在保安军（今陕西志丹县）和镇戎军（今宁夏固原）的安平皆设置两处榷场，恢复了双方的贸易往来。

范公堤

此堤为北宋范仲淹所筑。古人登范公堤东望，堤外有烟墩（烽火墩）70余座，远近相接。如有兵变匪警，即在墩上点火报警。还有潮墩（救命墩）103座，涨潮时，赶海人爬上潮墩避难。烟墩、潮墩星罗棋布，海雾飘忽，茫茫苍苍，别是一番风光。

清人高岑题《范堤烟雨》诗曰：

拾青闲步兴从容，清景无涯忆范公。
柳眼凝烟眠晓日，桃腮含雨笑春风。
四围碧水空蒙里，十里青芜香霭中。
踏遍芳龄一回首，朝暾红过大堤东。

书生冒名苏东坡

　　苏轼（1037—1101），字子瞻，又字和仲，号"东坡居士"，世人称其为"苏东坡"。汉族。眉州（今四川眉山，北宋时为眉山城）人，祖籍栾城。北宋著名文学家、书画家、词人、诗人、美食家，"唐宋八大家"之一，豪放派词人代表。其诗、词、赋、散文，均成就极高，且善书法和绘画，是中国文学艺术史上罕见的全才，也是中国数千年历史上被公认文学艺术造诣最杰出的大家之一。其散文与欧阳修并称"欧苏"；诗与黄庭坚并称"苏黄"；词与辛弃疾并称"苏辛"；书法名列"苏、黄、米、蔡"北宋四大书法家之一；其画则开创了湖州画派。

　　北宋元祐四年（1089年），苏东坡被任命为杭州地方官。苏东坡上任处理的第一件政事，就是他自己的官司。听起来令人奇怪，苏东坡刚刚上任怎么会有官司上身呢？

　　他先是看了包封严密的两大卷货物，那上面写着苏东坡的名衔，送往京城苏轼的住宅。白纸黑字，写得清楚明白，总不会是假的吧？

　　"笑话，我也不是商人，怎么会逃税？"苏东坡看完了逃税的"罪证"，又看了本案的卷宗，让手下人把犯人提上来，要问个清楚，弄个水落石出。

主管税务的官员押上来一个人。苏东坡上下打量这个人，觉得这个人根本不是商人。虽然穿着寒酸，但总能品出那特有的书卷气。苏东坡问他是哪里人氏，那人回答："福建南剑州人氏，学生吴味道。"

"你认识我？"苏东坡又问。

那人摇了摇头。

"你既然不认识我，又不是商人，如何假冒我的名字，又为何要做这种逃税的勾当？"

吴味道听苏东坡这样问，方才晓得，审问自己的大人竟然就是大名鼎鼎的苏轼。吴味道本来提到嗓子眼的心稍微松弛了一些，脸上紧张的表情也缓和了不少。他虽然仍旧跪在地上，回答问题的声音却比刚进来要响亮多了。

吴味道说："味道今年秋天在本地的乡试中得中，同乡们资助我入京参加省试的盘缠，购置了建阳纱，共三百端，等入京后卖掉。可是盘算之下，入京沿途所经场、务都照章抽税，到了京城连一半也剩不下。我们私下考虑，当今既享盛名，又能帮助穷困书生的，就是您家二位弟兄，所以就想了这么个办法。"

吴味道叹了口气，接着说道："我们想，即使事情败露，您也能同情我们的苦衷，终于出此下策。但不知您已临镇此州，实在难逃罪责。"

听完了吴味道的回答，苏东坡不仅没有责怪他，脸上还露出了一丝难以察觉的表情。此时的苏东坡想到了穷苦的读书人生活的艰难，苦读寒窗的艰辛，读了多年的书；即便是乡试中第，还要参加省试，连盘缠都拿不出来，这是多么现实又可悲的事情！想到这里，苏东坡看了看吴味道，吴味道正用祈求的目光看着苏东坡呢。

苏东坡问吴味道包内都是什么东西？吴味道把包打开，里边的东西和他说的一模一样。

苏东坡看了这些东西，笑着让手下人把旧封全部去掉，换题新的名衔，写上送到东京竹竿巷；还写了一封信给弟弟，一起交给吴味道，说："你这回上路，怎么走也不会有妨碍了。"

第二年，吴味道在京师考中了，特来苏东坡处致谢。苏东坡十分高兴，留他款待了好几天。

□故事感悟

苏东坡在穷书生假冒其名"逃税"的过程中，做了顺水人情，帮助了穷苦的读书人，令人赞赏。当然，借名人逃税故事的本身似乎于今不合时宜，也是不宜提倡的。

□史海撷英

制科考试

制科考试是宋朝（南、北宋）的一种特殊的考试制度。科举考试每3年一次，而制科考试是不定期的。制科考试的程序比科举考试要繁琐，参加制科考试的人员由朝廷中的大臣进行推荐，然后参加一次预试，最后由皇帝亲自出考题。制科考试的选拔非常严格，据说宋朝总共300多年的历史，科举考试选了4万多进士，而制科考试只进行过22次，成功通过的人只有41人。

制科考试分第一等、第二等、第三等、第三次等、第四等、第四次等、第五等。其中第三等是最高等（第一和第二等为虚设的），第五等最差。

水调歌头

苏 轼

明月几时有？把酒问青天。不知天上宫阙，今夕是何年。我欲乘风归去，又恐琼楼玉宇，高处不胜寒。起舞弄清影，何似在人间？ 转朱阁，低绮户，照无眠。不应有恨，何事长向别时圆？人有悲欢离合，月有阴晴圆缺，此事古难全。但愿人长久，千里共婵娟。

姚广孝放粮济灾民

姚广孝（1335—1418），元末明初政治家、高僧。元至正十二年（1352年）出家为僧，法名道衍，字斯道，自号逃虚子。苏州长洲县（今江苏苏州）人。通儒、道、佛诸家之学，善诗文。与文学家宋濂、高启等交友，又从灵应宫道士席应真习道家《易经》、方术及兵家之学。游嵩山寺，相者袁珙说他："是何异僧！目三角，形如病虎，性必嗜杀，刘秉忠流也。"元至正二十三年（1363年）于径山从愚庵大师潜心于内外典籍之学，成为当时较有名望的高僧。

姚广孝少年时期就已出家为僧，法名道衍。洪武十五年（1382年）以高僧被召，随燕王朱棣赴北平（今北京）。从此成为燕王朱棣的亲信谋士，帮助燕王发动"靖难"之役，夺位登极，名列"靖难"第一功臣。但因他的出家人身份，初未还俗，只任僧录司左善世，掌管佛教事务。

永乐二年（1404年）四月，明成祖朱棣特下诏谕，赐敕他为太子少师，为其复姚姓，赐名广孝。从此，他才由道衍和尚一变而成为太子少师姚广孝。

明永乐二年五月的一天，浓墨般的乌云伴着滚滚的雷声遮盖了江南水乡，随后便是瓢泼大雨从天空倾泻下来。转眼之间，水天浑为一色，一切都被笼罩在大雨之中。

雨不停地下着，乌云仿佛被定在了空中，尽情地发泄着自己的不满。躲在村舍中的人们骇然无措了，他们纷纷跑出家门，来到田间，望着一片汪洋，望着黑沉沉的天空，不由得感到一阵恐惧——一场灾难即将来临。

明朝嘉靖年间修的《吴江县志》中，把这场水灾记到了《灾异》类中：永乐二年五月大雨，田禾尽没。儿女辈呼父母索食。男妇壮者，相率以糠杂菱、芡、藻、荇食之。老幼入城行乞，实在没有活命办法的，只有投河自尽。

这场大水灾波及苏、松、嘉、湖、杭五府，而这五府正是江南最富庶的产粮区。

六月，朝廷得到地方官府的灾情报告，明成祖立即决定对灾区开仓赈济。在下诏赈灾的同时，他考虑选派一名得力的官员前往灾区主持赈济之事，而他几乎毫不犹豫地选定了新任的太子少师姚广孝。

得到成祖的诏令，姚广孝立即动身，回到了阔别20余年的故乡。一个当年托钵的游僧，如今却是衣锦还乡的钦差大臣。但是，昨天他"威声赫赫，车徒甚盛"奉旨离京，今日看到的却是故乡水灾的惨景。望着那些垂死挣扎的灾民和到处可见的弃尸，他震惊了。这次回乡对姚广孝来说，绝不仅仅是荣耀，更重要的是一份责任。

从苏州到松江（今属上海），从杭州到嘉兴，姚广孝奔走于各府县之间。他要督促各地官府开仓放粮，赈济灾民，帮助他们渡灾，还要同地方官员核计免税。对于如实报灾，认真赈济的地方官员，姚广孝给予表彰支持；对于以淹报稔，一味催办租赋的地方官员，姚广孝查实后均予以责罚。

这位70岁高龄的老人，不顾大雨过后夏日的炎热蒸晒，把自己的全部身心都投入到这场救灾工作之中。在姚广孝的主持下，各府县开仓放粮，并且免去了当地田赋60万石，在一定程度上缓解了灾民们的负担。

救灾工作之暇，姚广孝喜欢穿上一袭旧袈裟去访寻乡里故旧亲友，并把成祖赏赐的金帛分赠给他们。他那在贫困中度过一生的父母均已亡故，因为家贫没有墓地，连遗骨和坟墓都不曾留下。姚广孝想祭扫一下也已不可能，他只好请人制作了父母的灵位，放进了少年时出家为僧的妙智庵中。

姚广孝徒步走到故友王宾家中，两位老朋友见面，有说不完的话。王宾为此专门撰写了《赈灾记》，颂扬了姚广孝为民放粮的功德。

这位身居高位的功臣，在家乡父老面前依然是往日的僧人。他下令将数以万石计的粮食分赈乡民，自己却经常只是吃些身边带的干粮。

有一天，姚广孝独自外出，路过寒山寺，走得又饿又累，便坐在寺外亭子里吃起干粮来。谁知正遇上一个姓曹的县丞经过这里，看见一个老和尚坐在亭子里吃饭。县丞觉得奇怪：如今是饿殍遍地，一个老和尚竟还有吃的，就把他抓了起来，看看他到底是怎样的来历。于是，他被抓了起来。姚广孝手底下的人到处找他，终于在县监狱中找到了他。

这一来可把那姓曹的县丞和地方官员吓坏了，纷纷前来请罪。姚广孝没有说话，提笔在纸上写了几句，交给官员们，大家打开一看，原来是一首诗：

敕使南来坐画船，

袈裟犹带御炉烟。

无端撞上曹县尹，

二十皮鞭了宿缘。

　　众人这才知道姚广孝并未将此事放在心上，不由得转忧为喜。姚广孝这时才严厉批评了那位曹县丞："野僧路边吃饭，碍汝何事？书生为官，不可张狂欺人！"这样豁达的胸怀，更使人们感到由衷地敬佩。

■故事感悟

　　百姓们忘不掉姚广孝的功德，尽管后来有人出于对他帮助明成祖夺位不满，造谣诬蔑他，但是苏州人民还是为他建造了祠堂，树碑立传，作为永久的纪念。

■史海撷英

姚广孝其人

　　洪武十五年（1382年），朱元璋选高僧侍诸王，为已故的马皇后诵经荐福。经人举荐，姚广孝成为燕王朱棣的重要谋士，随燕王朱棣至北平（今北京）住持大庆寿寺。从此经常出入燕王府，参与夺位密谋，成为朱棣的重要谋士。

　　朱棣"靖难"称兵前，他曾推荐相士袁珙以占卜等方式，并通过对当时政治、军事形势分析，促使燕王朱棣坚定信心；又于王府后苑训练军士，打制军器，做好军事准备。建文元年（1399年）六月起兵前夕，计擒北平布政使张昺、都指挥使谢贵。靖难之役中，他留守北平，建议燕王轻骑挺进，径取南京。"毋下城邑，疾趋京师，京师单弱，势必举。"又劝朱棣勿杀方孝孺:"城下之日,彼必不降,幸勿杀之。杀孝孺,天下读书种子绝矣!"十月,辅佐燕王世子率万人固守北平,击溃朝廷数10万北伐之师。此后,仍多赞谋帷幄,终使朱棣夺得皇位。

朱棣即位后,初授官僧录司左善世,收郑和为菩萨戒弟子,法号福吉祥。永乐二年(1404年)再授为太子少师,复其姚姓,赐名广孝。同年八月,姚广孝回乡省亲访友。至长洲拜访其姐,其姐避而不见;访其友王宾,宾亦不见。但谣语曰:"和尚误矣,和尚误矣。"又跑去见其姐,其姐又骂他。广孝为之悯然,体会到了众叛亲离的滋味。临死之前他请皇帝释放建文时的主录僧溥洽,明成祖答应了他。永乐十六年(1418年)三月十八日姚广孝病逝于庆寿寺。"帝震悼,辍视朝二日",以僧礼葬;百官吊唁者竟达"肩摩踵接,添郭溢衢"。追赠推诚辅国协谋宣力文臣、特进荣禄大夫、上柱国、荣国公,谥恭靖。赐葬房山县东北。洪熙元年(1425年),加赠少师,配享成祖庙庭。

晚年,姚广孝既厌惧官场争斗的凶险,又不甘心放弃毕生事业的追求。故虽然受官,却未改变僧人身份,主要承担太子、太孙的辅导讲读,及主持《永乐大典》《明太祖实录》等书的修纂,又著《道余录》专诋程朱,人称"黑衣宰相"。其博通精深的学识和修养对皇太孙(明宣宗)有较大影响,对《永乐大典》的完成也起了很大作用。

□ 文苑拾萃

题 画

姚广孝

小小板桥斜路,深深茅屋人家。
竹屋夕阴似雨,桃源春暖多花。

徐九思为官心系百姓

徐九思（1495—1580），字子慎。江西贵溪人。为明朝孝宗、五宗、世宗、穆宗、神宗五世臣。一生官职不高，但刚正廉洁，爱民如子。嘉靖十五年（1536年），徐九思年届40岁，初任句容县（今属江苏）知县。当时官场积弊难清，贿赂横行，贪风尤盛，欺民的污吏得到姑息，受害的百姓却持冤难鸣。徐公常说："勤则不隳，俭则不费，忍则不争。""勤、俭、忍"这"三字经"为时人所称道。

徐九思虽一生官职不高，但深受百姓爱戴。

明朝嘉靖年间，初任句容县知县的徐九思已经40岁了。在担任知县期间，因为他做了许多利民的好事，故而深受句容县百姓的拥护。

徐九思任知县时，深知百姓的苦衷。他懂得要想使百姓日子好过，必须从根本上解决问题，首先就是要减轻他们的负担。

为了避免县吏们徇私舞弊，县里的大小事务都由他亲自处理。他的举动自然引起了一些县吏的不满，但他身后有句容县众多百姓的支持，谁都拿他没有办法。或许正是这个原因，徐九思尽管为五朝元老，但是他从未被重用过。

徐九思心系百姓，处处为民着想，同时他的为官理念也常常影响着手下的官员。在他的带领下，官吏们开始注重民生，体察百姓疾苦。

徐九思勤于政务，重视生产劳动。为了平衡税赋徭役，从调查情况到落实任务，他都亲力亲为。他对那些单身的穷苦农民特别关心，对当地的那些地痞无赖们则毫不手软。一向节俭的徐九思节省日常办公费用，采石铺路，使来往行人得到方便。徐九思还根据县里的旧有档案，把仍存在官府里的农民卖盐后的盐引钱还给农民。

倘若遇上灾年，谷价大涨，巡抚就拿出仓中积谷数百石，让县里"平价"卖出，而粮款要还于官府。

徐九思时常嘱咐手下的官员："能够买得起粮食吃的，都是富裕人家，现在的贫民就是平价也买不起了。"

于是，他就把救济粮拿出一半，以高价卖出，剩下一半的粮食用来煮粥，分给饥民。距县城较远的山区的穷人，可到附近富人家取粮，县里替他们付款，这样一来使很多穷人在灾荒之年活了下来。

徐九思的居室中挂着一幅《青菜图》，其旁书有"为民父母不可不知其味，为吾赤子不可令有菜色"的字样，意在提醒自己，时刻把百姓疾苦挂在心中。

朝廷规定，地方粮簿上有一笔注明可供地方官开支的例金。当时地方官员以招待过路官员作为一种重要的社交手段，利用公款宴请、送礼。这笔例金徐九思却分文不取，后来自行规定取消了这笔开销。

徐九思一心忙于政务，不畏惧权贵，凡事秉公办理，敢于直言；曾经因得罪府尹和中丞，被贬调离句容县。"父老乡亲数千拥而入见中丞，称公贤"，后经吏部尚书干预，才得以留任。徐九思升迁调入京城后，仍以国家安危、百姓疾苦为重。后来徐九思遭人陷害罢官。回到家乡后，他兴办义学，布施赈济，招抚流民，兴修水利，依然不改利民的初衷。

徐九思是一位明朝官吏，对不良的官场习气敢于在一定程度上进行对抗。他从劳动生产中解决百姓的生存问题，使济困变成了解困；他自己生活节俭，常以一幅《青菜图》勉励自己；他一生扶困济贫，体恤民情，并为之奋斗不已。

■史海撷英

平易持重　待人宽厚

商辂（1414—1486），字弘载，号素庵，浙江淳安人。曾以乡试第一为解元，正统十年（1445年）会试、殿试皆为第一。整个明朝之世，三试皆第一者，只有商辂一人而已。由于其科举高中榜首，先任修撰，不久即被选入东阁，为侍讲学士。

到景帝继位，即被推荐入内阁参与机务，并升职为翰林院学士。景帝病重，群臣都请求立太子，但景帝不许，商辂再次上疏说："陛下为宣宗皇帝之子，当立宣宗皇帝子孙。"群臣对于商辂的直言切谏非常感动，但商辂的奏书还未达朝廷，夜里即发生了石亨等拥立太上皇英宗的复辟。第二天，大学士王文、兵部尚书于谦被捕。因商辂与高谷皆主张立英宗之子为太子，英宗将二人诏入便殿，慰勉之后命其草拟复位诏书。

石亨等人得知之后，把商辂叫出，让其在复位诏中为己表功。商辂说："诏书拟定，自有定制，不敢轻易。"石亨等人听后相当不满。不久就指使人弹劾商辂结党朋奸，把他逮捕下狱。英宗帝念及商辂为三试榜首并为其亲取，将其贬职为民，逐出京师。

成化三年（1467年），商辂被诏回京师命以原官入阁办事。商辂上疏委婉予以拒绝，宪宗帝特地使人对商辂说："先帝已知卿等受冤枉，请进京勿辞。"商辂进京之后，立即上疏提出八事：勤学、纳谏、储将、备边、裁冗官、设仓、崇先圣、重科举。

这些都被宪宗皇帝所采纳。不久，商辂被升职为兵部尚书，后又转任户部尚书，并改任文渊阁大学士。后又任吏部尚书，转任谨身殿大学士。商辂为人平易持重，待人宽厚，每到重要时刻都毫不含糊，当机立断，受到同僚的尊重。商辂居大学士首位十余年而卒，享年93岁，赠太子太保衔，谥文。

郑板桥卖字济灾民

郑板桥（1693—1766），江苏兴化人。清代著名画家、书法家。原名郑燮，字克柔，号板桥，也称郑板桥。乾隆时进士，曾任潍县县令。

清朝乾隆年间，大街上，只见书画家郑板桥正边比划边往前走。一不小心碰到了前面的木竿，他头也没抬，说了声"对不起"，继续往前走。这时，一个乞丐上前乞讨，身着便服的郑板桥问他为何落到如此凄惨的地步？乞丐叹道："年年遭饥荒，县中一些以万有财为首的奸商又趁机抬高粮价，我们是没有办法才走这一步的啊！现在这个新来的县太爷郑燮（郑板桥的名），听说是个书呆子，整天只知道练字，从来不过问老百姓死活；况且历来官商勾结，我们去告，不是自讨苦吃吗？"郑板桥并不生气，给了乞丐几个铜钱，转身回府了。

县衙里，郑板桥责问衙役有无此事。衙役点头称有，并且劝告他刚来不要得罪奸商。他们都是手眼通天的家伙，不仅抬高粮价，而且还以低价收购郑板桥为老百姓写的字、作的画，再以高价卖出。郑板桥听罢，决心要戏弄、惩治一下这些奸商。

郑板桥在书房里反复临摹北宋书法家黄庭坚的字迹，已经达到了可以乱真的地步，但仍觉得缺少点什么。夫人叫他去吃饭，他没有理会。直到深夜，他躺在床上，还在练字。夫人劝他休息，他却在夫人的背上练起字来。夫人责备他说："人各有一体，为什么非要在我身上写字呢？"郑板桥像醒悟了什么，飞奔了出去。原来，他从夫人的话里得到了启示，字要写得好，一定要有自己的字体。郑板桥将书房里临摹的黄庭坚的字全部烧毁。夫人赶来询问，郑板桥哈哈大笑："烧掉这些字是为了不让那些黑心人赚钱！"夫人不知其所云。

　　郑板桥让管家假扮成"京城画师"，前去拜访县中首富万有财。万有财急忙相迎，"京城画师"说愿大量收购郑板桥真迹。万有财大喜，立即取出大量郑板桥的字画。"京城画师"看后，不露声色地说："这些东西不值钱，我要的是郑板桥新创的'六分半'体！"说罢，让侍从拿出一幅字展开，口称："前几天，我托人花了3000两银子才搞到郑板桥这幅字。你看，这和他以前的字大不相同，它结合了真、草、隶、篆4种书体，再加上绘画技法糅合而成的。如果你能搞到这种字，我每幅都以3000两银子的价钱收购，你看怎么样？"万有财见有利可图，连连称好，"京城画师"要求三天之后就来取字。出了万家，"京城画师"又依次来到其他几户富豪家里，依法炮制。侍从不知就里，郑板桥大笑："三日之后，必有好戏可看！"

　　第二天一大早，万有财等几个富豪就不约而同地派人前来拜访新来的县太爷，以图求字。郑板桥提出求字不行，卖字可以，但要卖个好价钱。这几人谁也不服谁，争相报价。最后，郑板桥以每幅字2500两银子的价格卖给了万有财派来的人，其他几人愤而离去。万有财拿到字幅后，觉得赢头不大，对几个富豪非常不满，自恃财大气粗，决定降下粮价，挤垮其他几人，然后再抬高粮价，捞回损失。其他几家富豪知道后，也气愤不已，决定联手对付万有财，一时县中粮价猛降。郑板桥当机立断，命人将卖字所得银两迅速收购粮食，散发给灾民。正当万有财等人快要支持不住，急切等待那个"京城画师"前来"救命"时，有人来报信说，那个"画师"就是郑板桥的管家扮的。富豪们这才知道上当了，全都瘫坐在地上。

这时，为民造福的郑板桥已经挂印而去。他又回到了老家扬州（今江苏扬州市）卖起了字画，仍然是穷人"买画"分文不取。

■故事感悟

郑板桥为官一方，不但爱护体恤民众，还凭借自己的聪明才智为劳苦百姓赢得了救命粮，从而得到了百姓们的爱戴。

■史海撷英

郑板桥读书、教书

1693年11月22日子时，郑板桥出生。其时家道已经中落，生活十分拮据。3岁时，生母汪夫人去世；14岁又失去继母郑夫人。乳母费氏是一位善良、勤劳、朴实的劳动妇女，给了郑板桥悉心周到的照顾和无微不至的关怀，成了郑板桥生活和感情上的支柱。

郑板桥资质聪慧，3岁识字，至八九岁已在父亲的指导下作文联对。少时随父立庵至真州毛家桥读书，16岁从乡先辈陆种园先生学填词。大约在20岁左右考取秀才。23岁娶妻徐夫人。是年秋，郑板桥首次赴北京，于漱云轩手书小楷欧阳修《秋声赋》。26岁至真州之江村设熟教书。

30岁时，父亲去世，此时郑板桥已有二女一子，生活更加困苦。作《七歌》诗，慨叹郑生三十无一营。康熙秀才、雍正举人、乾隆进士。客居扬州，以卖画为生。为"扬州八怪"之一，其诗、书、画世称"三绝"，擅画兰竹。

题画竹

郑板桥

画竹插天盖地来，翻风覆雨笔头载。
我今不肯从人法，写出龙须凤尾排。

陆在新体贴百姓疾苦

陆在新（生卒年不详），字文蔚。江苏长洲（今苏州）人。他从小务农，取得生员资格后仍坚持耕作，"向晨荷锄出，暮而归读书"。后应聘入城授徒，每谓弟子曰："我辈竖起脊梁，便合担当名义，何得负此昂藏七尺为？"康熙五年（1666年），皇帝下诏，以策论取士，陆在新因"凤讲经济，遂得举"，授松江府（今属上海）儒学教授。后经江苏巡抚汤斌以卓异荐，康熙二十五年（1686年），迁庐陵县知县。

"安民之本，在于足用。"这句话体现了古代的富民思想，在历代封建官吏治理民政的过程中起到了积极作用。清朝康熙年间，江西庐陵县（今吉安）知县陆在新就是一位具有这种思想的人。他以关心百姓疾苦，力除民瘼，取得了安民的效果。

陆在新接到委任札书时，便立志做个安民的父母官。他不带仆从，"单骑就道"。一到庐陵，即"誓于城隍神，不以一钱自污"。随后，他又亲赴各乡，了解民情，及时解决了累民之苦，并在各方面给百姓的生产、生活提供方便。为了能随时体察民间疾苦，并使百姓有表达心愿的机会，陆在新又在县衙的右侧修建了一座亭子，名曰"问苦亭"，每月"朔望坐亭中，访求民隐"。通过这种形式，百姓可经常与知县攀谈，不仅解决了许多问题，同时也融洽了官民关系。

庐陵县和其他地区一样，每年农民交纳的赋役钱粮，都要增加一定的损耗额，即所谓耗羡。而耗羡之额，历年又都不同。这与地方官吏贪欲程度有关。由于钱粮耗羡往往成为地方官吏中饱私囊的重要来源之一，因此，耗羡之额愈来愈重，长期以来一直是百姓的沉重负担。陆在新了解到百姓对此十分不满，便下令废除陋规，一律按政府规定之额征收。从此，"钱谷耗羡，革除殆尽。"

按惯例，各乡百姓纳粮，要由各户自己送到县上。百姓每年交纳时都要先经水路，再转陆路，既花费许多时间，又要付出可观的运送费用。陆在新为了减轻百姓的负担，在通往县城的各水道边建立了5个粮仓，以"便民输纳"。仅此两项改革，即减轻了百姓许多负担。

庐陵县山区的百姓，生活十分贫困。陆在新了解了这一情况后，经常携带粮食、用品等"历山谷间，劳苦百姓，轸其灾患"，并帮助他们安顿生活，发展生产，使山区百姓深受感动。

为了给百姓创造一个安定的社会环境，陆在新一直注意严束属吏，不使其扰民；同时不断打击盗贼，以杜绝殃民之祸。他特别注意社会风气的转变，为此，"修学校，进诸生"，设义学，教民子弟读《小学》《孝经》等书。

康熙二十六年（1687年），赣江水泛滥，庐陵县遭受了特大洪灾，许多百姓被围困于水中。陆在新心急如焚，为了尽快抢救遇难灾民，他带头捐资，雇船募夫往救。在他的影响下，属吏及城中士民也纷纷捐资，一支庞大的抢救队伍很快组成。陆在新亲自率队，"出入洪涛中"，将一批批灾民救到城里，又发给灾民口粮。经过奋力抢救，终于使遇难灾民"全活无算"。

由于陆在新忧心百姓疾苦，力除民瘼，一年之后，"境内贴然"，百姓安居。尽管他在任时间不长便卒于任上，但他却得到了庐陵百姓的敬仰。他去世后，"庐陵人为罢市三日，会哭者万余人"，后"合辞请于官，祀吉州名宦柯。长洲人亦以乡贤祀之"。

平英团大战牛栏冈

道光二十一年（1841年）四月初九早晨，有一伙英军官兵到广州城北郊的三元里行凶作恶。他们看见一个妇女，就把她围起来，百般调戏。有个叫韦绍光的青年菜农见了十分气愤，把几个乡亲叫在一起，对他们说："我们就这样看着他们欺侮妇女吗？"

"打！让他们有来无回。"大家都这样说。

"我也是这个主意。"韦绍光说："趁他们现在不注意，我们就打他个措手不及。"说着，他带着大家冲了过去。

那些英军官兵正在放肆地大笑，冷不防一群中国农民围了上来，大声喊着："打。"有的举起锄头，有的抢起扁担，朝他们打了起来。这些强盗吓得一个个"哇哇"乱叫。挨了一阵痛打以后，有七八个英国兵倒在地上，剩下的仓皇逃跑了。

韦绍光马上鸣锣聚众，叫村民们到三元里村的北帝庙前集合，商议对策。韦绍光说："洋鬼子打到广州以后，天天烧杀抢掠，无恶不作，谁不切齿痛恨？今天早上他们挨了揍，一定要来报复。下一步怎么走？请父老兄弟们多出主意。"村民们你一言我一语地议论开了。有的主张和敌人干到底；有的说敌人武器好，硬拼要吃亏，不如暂时躲避一下；也有的说，要想不受欺负，就得马上组织起来。这个主意得到了大家的赞同。有人提议组织"平英团"，专门对付英国侵略军。大家都同意，又推举韦绍光等人为首领，赶紧做好抵抗的准备。

韦绍光把神座前的黑底白边的三星旗举起，对着大家说，"我们就借神旗作为平英团的大旗和指挥旗。请父老兄弟们对着大旗宣誓。"接着，他带领大家对旗宣誓说："旗进人进，旗退人退。脚踏故土，头顶苍天，杀绝英夷，打死无怨。"

韦绍光等人又派人到四周各村去联络，结果当地一些有名望的文人和士绅也参加了进来。当天下午，三元里附近的103乡村民和手工业行会组织都派代表到三元里北面的牛栏冈开会。会上决定：15岁以上至50岁以下的男子一律出动，各乡自成单位，联合对敌。具体办法是：把盘踞在附近四方炮台的敌人诱到丘陵起伏的牛栏冈，一举歼灭。当天夜里，各村群众都忙着收拾和赶制各种武器，准备参加战斗。

第二天清晨，5000多名平英团战士在三星旗的指引下，一齐杀向了四方炮台。螺号齐鸣，鼓声阵阵，把炮台上的英军惊呆了。他们紧张地注视着黑压压的人群，连大气也不敢喘。夏天的天气十分炎热，不一会儿，他们都汗水淋淋，浑身湿透了。忽然"咕咚"一声，一个少校军官由于紧张过度，热昏了过去。英军司令卧乌古急忙让人抢救，哪知道他已经咽了气。

卧乌古无可奈何地皱了皱眉头。但是，卧乌古再仔细看看围过来的人群的时候，又露出了得意的狞笑。原来，他发现这些人拿的都是木棍、铁锹、锄头、大刀、长矛……凭这些武器怎么打得过他的洋枪洋炮呢？他连声下命令。"快，放枪！开炮！给我打！"于是士兵们便胡乱放起枪炮来。一阵枪炮过后，卧乌古定睛一看，平英团的战士一点儿也不害怕，高举着旗帜和盾牌还在挑战呢！卧乌古气坏了，决定只留少数英军留守炮台，自己率领1000多英国军队出击，向平英团扑来。

韦绍光指挥队伍且战且退，向三元里方向转移。英军以为老百姓软弱可欺，趾高气扬地紧追不放。追到牛栏冈丘陵地带，道路越来越窄，侵略军只能排成单行，大炮等笨重武器也不能跟随前进，这样就和平英团拉开了距离。

等到他们追到牛栏冈的时候，平英团的战士都不见踪影了。卧乌古见势不妙，慌忙下令撤退，可已经来不及了。就听号角声响彻云霄，埋伏在周围的群众从四面八方冲杀过来，双方展开了交手战。洋枪洋炮在这么近的距离内发挥不了多大作用，英军只能四散奔逃，到处挨打。

就在这时候，一道电光闪过，倾盆大雨从天而降。英军的火药被雨水淋湿，官兵们心慌意乱，便想突围逃走。平英团战士却如鱼得水，越战越勇：大刀在敌群中挥舞，英军官兵连连毙命；长矛向敌军乱刺，英军官兵应声倒地。不少人头破血流，满地打滚。邓潜率领的打石工人和陈棠率领的纺织工人也赶来投入战斗。妇女和儿童们为勇士们送汤送饭，呐喊助威。

雨越下越大，道路、水沟、稻田成了白茫茫的一片，无法区别辨认。英军官兵晕头转向，穿着长统皮靴在水中深一脚，浅一脚地乱窜。有的滑倒跌落水沟，有的陷在稻田的泥泞中拔不出脚来。怕死的连忙举手投降，跪在地上磕头求饶，乖乖地作了俘虏。直到傍晚，侥幸活着的英军官兵才在四方炮台留守英军的接应下，连滚带爬地逃出牛栏冈丘陵地带，窜回炮台。

■文苑拾萃

"白渡桥"的由来

在苏州河和黄浦江汇合处，有一座外白渡桥。白渡，就是过桥不花钱的意思。为什么叫这个名呢？这和上海租界有关系。

早先，苏州河靠近黄浦江的一段没有桥，只有几处渡口摆渡，分别叫"头摆渡""二摆渡""外摆渡"。后来有一个名叫韦尔斯的英国人纠集一伙人，建了一座木桥。因为桥是建在原来的外摆渡旁边，上海人就叫它外摆渡桥。

桥建成以后，韦尔斯以"偿还造桥费"为名，要每个中国人先交"过桥税"才能过桥。

"过桥税"收了好多年，早就超过造桥的费用了。韦尔斯不但不免税，还要加倍收税。上海人民向工部局（英美等国在租界里设立的行政机关）和英国领事馆提出抗议说："造桥费究竟有多少，怎么收税没个完？既要收税就应该都收，为什么你们外国人过桥不收税，单收中国人的？桥建在中国的土地上，要收税也应由中国官府收，怎么老是由你们外国人收呢！"工部局和领事馆自然无法回答，只是用谎话搪塞一番。

上海市民为了不受外国人的敲诈，就自己集资打造了几只渡船，义务接送过往行人。这样，外摆渡桥变得十分冷落。后来，工部局在群众的要求下，被迫在外摆渡桥旁边另造了一座新桥。这座桥不收过桥税，上海人民就叫它"外白渡桥"。

言如泗为民兴修水利

言如泗（1716—1806），字素园。江苏昭文人。乾隆三年（1738年），赐恩贡生，充正黄旗官学教习。乾隆十四年（1749年），铨选授山西垣曲县卸县。

清朝乾隆年间，在地方州县官中，有几个以发展生产、兴修水利、保境安民而著称的人。言如泗便是其中的一个。

此后，言如泗历官山西、湖北两省，两任知县，两任知州，一任知府，前后近20年。他不论在何处任职，都尽力把本地治理好。他注重发展生产，特别注重水利事业，为百姓做了许多实实在在的事。他还严于治盗，以保境内平安，从而安定了百姓的生活。《清史稿》对他的评价是"爱士恤民而治盗严"。

山西垣曲县县城濒临黄河，汛期到来，河水威胁城内居民。言如泗到任后，组织力量修筑了石堤，解除了城内居民的后顾之忧。他看到本县水源缺乏，农田灌溉难以保证，就将亳河旧有的几条渠道全部重新疏通，"分以溉田"，为农民提供了极大的方便。人们为颂其德，将新开通的水渠称为"言公渠"。

闻喜县同样存在着农业用水问题。当时有涑水河可资利用，但"涑水湍急，旧渠多圮"，使农业生产受到影响。言如泗调任闻喜知县后，组织新开渠道，"食其利者五村"。

解州境内有白沙河，位于州城之南，河的南岸有盐池，是解州百姓生活的重要来源之一。由于白沙河"地如建瓴"，两岸均处危害之中，如果河决南口，则危害盐池，北决则坏城。言如泗任知州后，为了解决白沙河决口问题，确保两岸的平安，力请上级将往日在解州征收的盐税用来修筑白沙河两岸石堰。获准之后，他立即组织民夫修筑了两道5里长的石堰。终于排除了隐患，民皆称颂。

言如泗在兴修水利、发展生产的同时，对维护境内安宁格外注意，时时把安定民心看作是自己的责任。他在任保德直隶州知州时，正值清廷用兵新疆。按照惯例，大军所过之地，沿途州县均应保证军需的供应。可是，那几年正是保德欠收之年。言如泗考虑到百姓生活已很艰苦，若再征派，定会成为百姓的沉重负担。于是，他向上级申诉百姓之苦，力请免除本州的军需供应，终于获准，使"民无所累"。解州府原有二条姚暹渠，本为盐官及农民合修，后来盐商依势欺人，借口姚暹渠专为护盐池所修，不许民田灌溉。

言如泗为民做主，据理力争，迫使盐商让步，从而保证了农田灌溉。言如泗在各州县时都严于治盗，并以此为维护社会治安，保证境内安定的重要措施。不管是来自境外的骚扰，还是境内的盗贼，他都严惩不贷，从不手软。因此，他在任的州县，百姓都有太平之感。史载，他在解州任职期间"民间夜不闭户"。他升任湖北襄阳知府，"襄阳素为盗薮，闻其至，盗皆远遁"。

□故事感悟

言如泗正是以自己保境安民的政绩，成为远近闻名的循吏。

太平天国将领陈玉成

陈玉成原名叫丕成，幼年时父母双亡，由叔父抚养，生活非常贫困。小小年纪，就到一个地主家做工，受尽了剥削压迫。金田起义的时候，陈玉成才15岁。他和其他苦工一起打死地主，参加了起义队伍，成为一名童子兵。

陈玉成虽然年纪小，却勇敢善战，机敏过人，参加了无数次重大战役，南征北战，屡建战功。

太平军西征部队在攻打武昌时受到挫折，久攻不下。陈玉成带兵前去支援。为了弄清敌情，他冒着敌人的箭射炮击，带领几个人骑马到武昌城边观察。突然"嗖"的一声，敌箭射中他的坐骑，陈玉成跌下马来。他立刻从地上站起来，镇定自若地继续观察。当天晚上，陈玉成布置300人正面攻城，吸引住守城清军的主力。自己乘敌不备，带领200人来到城下。他用力把绳子甩到城墙上套住城垛，然后矫捷地抓着绳子爬上城墙，一边挥动太平天国的大旗，一边大喊："天兵登城了！天兵登城了！"清兵不知太平军从何而来，争先恐后地打开城门逃跑，陈玉成在敌人的慌乱之中占领了武昌。

在一次解救镇江的战斗中，陈玉成率领几个勇士驾着一叶轻舟，飞快地向镇江水关冲去。清军炮船四集，子弹密如雨点。陈玉成毫不畏惧，破浪猛冲，进入了镇江城。他与镇江守将吴如孝商议，按照预定时间从城内杀出；李秀成等带兵从城外接应，清军顾内顾不了外，阵脚大乱，被太平军夹在中间打了个落花流水。

陈玉成在作战过程中，建立了一支完全由青少年组成的精兵，叫做小儿队五旗营。五旗营的军旗分为红、黄、白、黑、青五色。小儿队的青少年都头戴红巾，腰缠绿带。作战时，陈玉成依次调动各营上阵杀敌。其中红旗营战斗力最强，战士们像猿猴一样轻捷矫健，被大家叫做"红猿"。陈玉成被提拔为天国主将以后，带领五旗营再次攻破了清军江北大营，解除了天京北面的威胁。

□ 文苑拾萃

李伯元与谴责小说

李伯元原名李宝嘉，别号南亭亭长，江苏常州武进人，出生在他父亲做官的山东。李伯元3岁那年，父亲死了，他只好和母亲投靠伯父李念仔生活。李念仔对李伯元管教很严。李伯元的母亲也经常督促他学习。所以，李伯元少年的时候就擅长八股文章，同时又能诗会画，词曲也作得很好。他还善于篆刻（刻印章），对金石（古代在铜器、石碑上铸字或刻字记事的历史资料）、音韵（研究语音结构和演变的学问）、考据（考证）等学问也都懂得。到了20岁，他以第一名的成绩考中秀才。但是后来屡次参加举人考试，都没有考中。科举的失意，激化了他对社会的不满。他决意不再谋求当官，而要用自己的笔去揭露官场和社会上的丑恶现象。

李伯元看到国事一天不如一天，外国侵略者横行无忌，朝廷官吏卑躬屈膝，人民生活苦不堪言。他痛恨朝廷的腐败，希望能改革政治。"公车上书"那一年，李伯元看了康有为等人的万言书，激动得好几天没睡好。他决定先干起来，到上海办报馆。李伯元来到上海，请了两个人帮忙，办起了《指南报》，意思是想给大家指个正确的方向。但是由于时代和阶级的局限，他自己也没有明确什么是正确的方向，所以《指南报》影响不大。不久就改办了《游戏报》。《游戏报》登载官场的笑料，社会上的奇闻佚事，舞女生活的花絮，娼妓遭遇的趣闻，还有诗赋词曲，演义小唱，灯谜对联等。内容丰富，文体多样，文笔又滑稽诙谐，令人发笑。这样生动活泼的小报，很快受到群众的欢迎。读者在笑声里都可以体会出作者对丑恶现象的憎恶和对事物的看法。

林则徐"封仓"赈济饥民

林则徐（1785—1850），汉族。福建侯官（今福建省福州）人。字元抚，又字少穆、石麟，晚号俟村老人、俟村退叟、七十二峰退叟、瓶泉居士、栎社散人等。他是清朝后期政治家、思想家和诗人，是中华民族抵御外辱过程中伟大的民族英雄，其主要功绩是虎门销烟。官至一品，任江苏巡抚、两广总督、湖广总督、陕甘总督和云贵总督，两次受命为钦差大臣。因其主张严禁鸦片、抵抗西方的侵略、坚持维护中国主权和民族利益，而深受全中国人的敬仰。

清道光四年（1824年），林则徐任江苏按察使。半个多月来，天天下大雨。林则徐站在窗前，双眉紧锁。他想，这雨要再不停，涝灾便会使农民颗粒无收。老天并不因林则徐忧心如焚而转晴停雨，反而越下越大。又是几天的阴雨，尽管林则徐想尽办法开渠挖沟，排水除涝，但仍然面临着大面积的灾荒。逃荒的人成群结队，不断有人饿死病死在荒郊野外。

林则徐换上便服，来到乡间，察看灾情。之后，他又到城镇，了解粮食价格。在一家存米不多的粮店，林则徐询问老板："你的米多少钱1

斗？"老板满脸愁容，说："每斗700文。"林则徐惊叹道："怎么涨到这个价格，比灾前竟涨了1倍！"老板诉苦说："没有办法！即使涨价，也无法解决米荒。我店没有存货，卖完也就得关门了。"林则徐打量了一下粮店，问："这里有什么秘密？"老板叹了口气，说："财主囤粮，百姓遭殃啊！"说到此处，老板不再讲了。林则徐点了点头，听出老板话中有话，心里已有了新的谋划。

林则徐回到衙门，立即行文，发布官府告示："连日阴雨，造成灾害。荒民遍地，已无生路。米行要即时粜米，以平市价。殷绅富户，存积米粮，亦需乘时出粜，不许观望迁延。"

告示贴出以后，百姓见生机有望，纷纷高呼："林青天知民之心！""林大人救了我们啊！"

林则徐经多方了解，终于探知一个名叫潘世恩的富家囤粮万石，不肯救济灾民。这潘家的主人潘世恩是朝廷大员，原在京师做官，目前正在家为父亲守孝。林则徐为了解救灾民苦难，不顾个人劳累，亲自来到潘世恩家，动员潘家开仓粜米，赈济饥民。潘世恩傲慢地说："林大人亲自登门来劝，本应给大人一个面子。可本官并非那种随便赏人脸面的人。实话相告，我家没有粮食去赈济饥民。"林则徐心中虽然愤怒，但忍了又忍，问："大人说贵府没有米？"潘世恩点头说："对，没有可以赈济别人之米。"

林则徐又苦劝道："潘大人三思，若能救救灾民，当是功德无量之事。还望潘大人发济世之心。"潘世恩冷冷一笑，说："本官心有余而力不足呀！""真的？""真的！""潘大人家里那众多粮仓……"没等林则徐说完，潘世恩就连连说："那些粮仓都……都是……都是空的。""空的？""空的。"

潘世恩不敢用硬的办法，因为如若林则徐向朝廷告他一状，他也怕皇上怪罪，所以就声称粮仓是空的。林则徐虽官居按察使，但料他没有胆量搜查朝廷命官。林则徐沉思一下，心中早已有了主意。他不慌不忙，但又软中有硬地说："空的？哈哈，那太好了！"

潘世恩丈二和尚摸不着头脑，吃惊地望着林则徐。林则徐大声接着说："既然潘大人的粮仓是空的，那本官就暂时借用一下。"潘世恩措手不及，反问："借用？"林则徐站起身，态度坚决地说："对，借用一下！"

说罢，林则徐立即命令手下人将潘世恩家的粮仓全部贴上封条，派人看守。潘世恩追悔莫及，恨透了林则徐，却又无可奈何。过了一天，林则徐开仓放米，赈济饥民。

林则徐为百姓智斗权富，从此威名大振。

■故事感悟

林则徐虎门销烟抵抗外国侵略的事迹众所周知，但林则徐关心民众、勇斗贪官、赈灾放粮的事迹恐不多闻。林则徐在这两个方面的功绩，充分说明了他爱人民、为国家的高尚情操！

■史海撷英

林则徐的少年时期

林则徐于乾隆五十年七月二十六日（1785年8月30日）出生在福建侯官鼓东街（今福州市鼓楼区中山路）一个下层封建知识分子的家庭里。父亲林宾日，以教读、讲学为生。仅靠父亲教私塾的微薄收入无法维持生活，于是母亲用手工劳动来分担家庭的困窘。

在科举时代，林则徐的父母指望自己的儿子能在仕宦之途发达高升。

林则徐生性聪颖，在4岁时便由父亲"怀之入塾，抱之膝上"，口授四书、五经。在父亲的精心培养下，他较早地读了儒家经传。嘉庆三年（1798年），林则徐14岁中秀才后就到福建著名的鳌峰书院读书，受教于具有实学的郑光策和陈寿祺。在父亲和亲友的影响下，他开始注意经世致用之学。嘉庆九年（1804年），林则徐20岁中举人。父亲的谆谆教导使林则徐的学业取得了惊人的成就。但此后由于家庭日难，外出当塾师。

在嘉庆十一年（1806年）秋，林则徐应房永清之聘到厦门任海防同知书记，这里的鸦片烟毒引起了他的注意。同年，受新任福建巡抚张师诚的赏识招入幕府。他在张幕中获知了不少清朝的掌故和兵、刑、礼、乐等知识以及官场经验，为他日后的"入仕"准备了必要条件。

■文苑拾萃

"林则徐星"

2000年9月20日，在民族英雄林则徐诞辰215周年之际，坐落在林则徐出生地福州市左营司的"林则徐星"纪念碑揭幕，寓意着"林则徐星"从这里升起。

1996年6月7日，中科院北京天文台陈建生院士发现了一颗小行星。按照国际小天体命名委员会的规定，谁发现了小行星，谁就拥有命名权。陈建生院士领导的"施密特CCD小行星"项目组和国际小天体命名委员会成员、北京天文台朱进博士，提议将新发现的这颗小行星命名为"林则徐星"。由于林则徐的禁毒和治水业绩得到了国际社会的公认，因此国际小天体命名委员会批准了中科院的建议。"林则徐星"在火星与木星之间，沿椭圆形轨道以4.11年的周期绕太阳运动。

罗瘿公扶植程砚秋

罗瘿公（1872—1924），名敦曧，字掞东，号瘿公。诗人，京剧剧作家。祖籍广东顺德。他幼攻诗文，青年时期就读于广雅学院，为康有为弟子。23岁中副贡，官至邮传部郎中。1908年，出任唐山路矿学堂（即唐山交通大学，今西南交通大学）坐办。民国成立后，先后任总统府秘书、国务院参议、礼制馆编纂等职。与梁启超组织万生园修禊会，梁曾写《致罗敦曧书》。后愤于袁世凯复辟帝制而弃政攻文。与王瑶卿、梅兰芳深有交往，尤与程砚秋交谊深厚。程砚秋在艺术上取得的成就，是与罗对其尽心指导、全力资助分不开的，程对罗则以师辈相称。罗瘿公为程砚秋编写剧本始于1921年，至1924年病逝的3年中，共编写了12个剧本。

程砚秋先生是我国京剧艺术的大师，还不到25岁就与梅兰芳、荀慧生、尚小云同被尊为"四大名旦"。然而，如果没有一个人的扶持、资助，程砚秋是绝对不能取得如此成就的，一颗京剧艺术之星或许根本无法升起。这个人就是清末民初的著名诗人罗瘿公。

罗瘿公为人正直侠义。他喜爱京剧，经常到剧场里听戏，也就认识了程砚秋。程砚秋当时才13岁，小小年纪已经展露出很有前途的艺术才华。但是他的处境却使他的艺术面临夭折的危险。

原来，程砚秋生于一个没落的旗人家庭里，父亲早亡。迫于生活，他6岁就拜在荣蝶仙门下学唱京戏。旧社会，进了戏班的门，就等于是卖了身的奴隶。程砚秋除了学戏练功外，还要帮师傅家干许多家务活。稍不如意，师傅就打他。由于程砚秋刻苦练功学艺，11岁就能登台演出。13岁那年，程砚秋正处于变声期，可师傅为了赚钱，就让他没日没夜地唱，嗓子哑了，仍然逼他唱。照这样下去，不用多久，他的嗓子就完了。嗓子一坏，艺术生命也就完结了。

罗瘿公眼看这颗京剧艺术之星就要夭折，心中十分同情和着急。通过交涉，最后筹了一笔巨款，将程砚秋赎出了荣蝶仙的师门。

接着，罗瘿公为程砚秋全家找了房子，把他们安顿下来。又到处请医生给他治嗓子，并亲自教他学习文化，讲解诗词，每次功课完毕都要进行严格的检查。为了帮他提高艺术修养，罗瘿公还经常带他去看在中国上映还不久的电影。更为重要的是，罗瘿公设法替程砚秋拜了一位名师——著名京剧表演艺术家王瑶卿。

在王瑶卿和罗瘿公的精心指导和辛勤培育下，程砚秋的唱腔和表演都大有长进，且已经在京剧界有了些名气。此时，罗瘿公又到处奔走，筹款请人，为程砚秋组建了自己的戏班。

为了帮助程砚秋创出自己的风格，师傅王瑶卿做他的导演和唱腔设计；罗瘿公则亲自执笔，为他编写了12个新剧本，让他在舞台上实践，每出戏必有创新。在他们的关怀指导下，为程派奠定了艺术的基础。

故事感悟

程砚秋的辉煌成就离不开罗瘿公在生活上的无私帮助、救济和在曲艺事业上的大力支持。可以说，正是罗瘿公的扶持，才让程砚秋这颗京剧艺术之星最终升起。

晚清名士罗瘿公

在清末民初的北京，罗瘿公是无人不知的大名士。其人精书法，善诗词，能饮酒，喜交游，乐助人。上至达官贵人，下至平民寒士，大凡才通风雅者，都有他的好朋友。在《鲁迅全集》中，就有"写字找罗瘿公，写诗找黄晦闻"的说法。

其书法，亦负重名。字体从唐人碑帖化出，参以宋人米芾的神韵，劲气内敛，章法、行气雄阔不羁；一反长期流行的"馆阁体"拘谨呆板的书风，深受艺界爱重。齐白石的诗句"天马无羁勒，惊蛇入草芜"，生动形象地道出了罗瘿公行草的特色。

罗瘿公还留心搜集辑存当代史料。他在梁启超主编的《庸言报》上开设了一个专栏，发表有关近世掌故的文字。专著《庚子国变记》《德宗承统私记》《中日兵事本末》《割台湾记》《拳变余闻》《中俄伊犁交涉始末》《太平天国战纪》等，均以文笔雅洁、材料翔实、论说清晰著称。如今已经受到近代史研究学者的重视。罗瘿公笔记偏重于史事而不是逸闻趣事，所述大多为晚清的国变余闻，多为其亲历亲闻，因而出语沉痛，特别是《太平天国战纪》《庚子国变记》《割台湾记》《拳变余闻》诸篇，简直就是一部满清衰亡史。

罗瘿公性情风雅，性喜交游。到北京后，才艺很快脱颖而出，誉满京华。他长年出入名流聚会场所，人称"座上客常满，杯中酒不空"。他无分贵贱，"同声相应，同气相求"，特别热心扶持青年才俊，时人有"名士经纪"之誉。除了程砚秋，齐白石与徐悲鸿都得到过他的帮助。

第二篇
助人为乐行善事

王玉涧做好事不扬名

王玉涧，长于诗文，很有才华。他为人宽厚，在别人遇到困难时，总是乐意去帮助他们，并且从不向他人说起。

王玉涧是明代苏州长洲县人。他用20两银子成全了一对青年男女的婚事，至今成为当地人们的美谈。

当地的张家和陈家结亲，不仅是因为两家的物质条件相当，"门当户对"，而且一对年轻人也情投意合。双方家长在媒人的撮合下，准备两年以后让他们完婚。

可是，天有不测风云。也就是在这两年中，张家和陈家都发生了巨大的变化，不是往好的方面变化，而是都破落了。

一般说来，由穷变富，生活会变得阳光灿烂；由富裕向贫穷转变，人往往是无所适从，也是难以接受的。

眼前的张家与陈家的生活，几乎难得见到曙光。这两个家庭，到底变成了什么样子呢？

穷得女方家没钱陪送女儿，男方家也没能力迎娶新娘。眼看约定的婚期迫近，两家双亲都急得如热锅上的蚂蚁，不知道究竟该怎么办才好。

于是，张家请求王玉涧到陈家去打听一下，是不是按约定好的日期把女儿嫁过来。

张家为什么要请王玉涧去陈家打听有关婚事的情况呢？王玉涧虽然不是媒人，但却是本地出名的好心人。只要有人央求，他都肯帮忙，成全好事。

王玉涧得知了张家的情况，心里有数，答应去陈家探听口风。他决定根据实际情况，帮助张家促成这桩美事。

王玉涧来到陈家，说明了来意，但是女孩子的父亲却迟迟不肯表态。

王玉涧见女孩的父亲面露难色，以为是发生了什么变故，就试探着问："你家是不是要毁掉婚约呀？"听王玉涧这么问，女孩父亲连忙摆手说："不是，不是，两个孩子都觉得好，我们也没有意见，只是……"往下的话，似乎再难以启齿。

王玉涧又问："既然没有我猜想的意思，那到底是为什么呢？"

陈家父亲被王玉涧追问不过，只好很不好意思地说："您不知道，如今我家比不得前两年，日常开销捉襟见肘也就罢了；没钱不花，粗茶淡饭勉强下咽也就克服了；粗布衣裳，只要能遮体御寒，也能将就。不怕您笑话，如果我能拿出女儿的嫁妆钱，也就不至于这么犯愁了。"

听到这里，王玉涧问他："给女儿置办嫁妆，得多少银子？"

女孩的父亲说："张家若是能给20两银子做聘礼，就可以准备嫁妆让他们完婚。"

王玉涧听了陈家父亲的话，才有意打量起陈家的陈设来。他这才突然觉得，如今陈家的景况真的大不如以前了。于是，王玉涧对陈家父亲说："这事儿好办，包在我身上了，让张家送来20两银子就是了。"王玉涧说完，就离开了陈家。

在回来的路上，王玉涧越想越不对劲：我虽然代表张家答应了陈家要20两银子的条件，可如今的张家根本就拿不出这笔银子来。假如我与张家说出陈家提出要20两银子的事儿，他们拿不出来，这桩婚事可就办不成了。

于是，王玉涧就从自己家拿了20两银子送到陈家，让他们赶快准备嫁妆。就这样，到了约定的婚期就可以完婚了。

张家娶上了媳妇，陈家聘了女儿。一对新人的婚事很圆满，两家皆大欢喜。可他们哪里知道，若不是王玉涧背着两家自己出了20两银子，这桩婚事也就泡汤了。

张家以为陈家没要财礼，就把女儿嫁过来，体谅如今他家的境遇，没有嫌贫爱富，对亲家的做法很满意。陈家认为，张家理解目前陈家的处境，出20两银子给女儿置办嫁妆，他家女儿也不算吃亏。

王玉涧对自己掏了20两银子成全他们两家好事的事情始终守口如瓶。张陈两家虽然结了儿女亲家，却始终不知道这20两银子的事情。

■故事感悟

君子成人之美。王玉涧乐于助人，而且不求回报，做好事始终守口如瓶。他的这种高尚的情操和济危扶困的行为，是我们广大青少年学习的典范。

明朝私营工商业的发展

明朝无论是铁、造船、建筑等重工业，还是丝绸、纺织、瓷器、印刷等轻工业，在世界都是遥遥领先。工业产量占全世界的2/3以上，比农业产量在全世界的比例还要高得多。明朝民间的工业不断壮大，而官营工业却不断萎缩。

明朝以较短的时间完成了宋朝手工业从官营到私营的演变，而且变化得更为彻底。迄至明朝后期，除了盐业等少数几个行业还在实行以商人为主体的盐引制外，大多数手工业都摆脱了官府的控制，成为民间手工业。所以，如果说中国农业的私有化出现于战国与汉代，那么中国手工业的完全私有化则迟至明代。

晚明时期，中国民间私营经济力量远比同期西方强大。当英国商人手工场业主拥有几万英镑已算巨富时，明朝民间商人和资本家动用几百万两的银子进行贸易和生产已经是很寻常。其中，郑芝龙海上贸易集团的经济实力就达到每年收入数千万两白银，当时荷兰的东印度公司根本无法与之相抗衡。

在商业都市的发展规模、人口城市化状况和市场化程度方面，16世纪的欧洲城市规模较小。1519年至1558年时期，拥有2~3万人口即可称为"大城市"。根据德国地理学家奥尔布里希特的计算，1600年以前欧洲的城市人口不到总人口的5%。16世纪初，欧洲没有一座突破20万人口的城市，拥有10万~20万人口的城市也只有5座；直至16世纪末至17世纪初期，人口在15万以上的商业城市才上升为4座。从城市规模和人口比例来看，晚明时期中国的城市化程度反倒稍高一些。据伊懋可的数据，中国城市人口在明朝末年占到总人口的6%~7.5%。据曹树基的估计，1630年时中国城市化率已达到8%。

仁宣之治

明仁宣之治是明成祖朱棣以后，明仁宗朱高炽和明宣宗朱瞻基采取了宽松治国和息兵养民的政策。明初社会经济经洪武、建文、永乐三朝的恢复发展，到仁宗、宣宗两朝，出现了社会经济的繁荣。仁宗时"停罢采买，平反冤滥，贡赋各随物资产，陂池与民同利"。宣宗时实行重农政策，赈荒惩贪。仁宣两朝，内阁大学士杨士奇、杨溥、杨荣执掌朝政，多有建树。仁宣两帝在位期间成为历史上的吏治清明、经济发展、社会稳定的时期。后世称之为"仁宣之治"，比之于西汉"文景之治"。

韩乐吾"望烟送粮"助邻居

韩乐吾(生卒年不详),名贞,号乐吾。明朝嘉靖兴化韩家窑(戴窑镇西北)人。韩乐吾被誉为"东海贤人",在他的家乡,流传着不少关于他乐善好施的传说故事。

有一年发生大饥荒,很多人都没有饭吃。韩乐吾家里也只剩下两升米,顶多再维持两天就要断粮了。这时,韩乐吾听说他的一个朋友已经断粮3天了,就准备把自家的米分给朋友一半。妻子问他:"你分一半给他,咱家明天怎么办?"韩乐吾说:"咱家明天没粮了,咱们明天就开始饿着。现在他已经断粮3天了,说不定今天就要饿死了。"最后,韩乐吾还是把粮食分了一半给朋友。

韩乐吾潜心办塾馆,坚持"有教无类"的教学原则,并免除所有穷人家孩子的学费。后来学生越来越多,以至两间屋的塾馆都挤不下。后来,他的妻子杨妹将织蒲席积攒下来的钱全拿出来,又向她哥哥借了一些,在自家东面的空地上又建了三间塾馆。

1554年春天,韩乐吾的家乡遭受了虫灾,庄稼颗粒无收。韩乐吾看到乡亲们没饭吃,他只好将塾馆卖掉换粮救济乡亲。韩乐吾将卖塾馆换来的几十担粮食全部分给贫困乡亲，而自家却一粒粮食也没留下。"你家没粮了怎么办？"有人提出质疑。看到此种情形，最后几个分到粮的乡亲不忍心要粮。

"没关系，我回娘家借点！"韩乐吾的妻子杨妹说。

后来，韩乐吾夫妇俩将堂屋和卧室腾出来，并在门前搭了个防雨棚作塾馆。一家人夜里睡到学生的桌子上，早上早早起来撤铺。

幸好，当年秋天收成不错，乡亲们收好稻，争相偿还韩乐吾。韩乐吾却不肯收，表明想重建塾馆，只要大家帮帮工就行了。

乡亲们听后，商量了个主意，趁着深夜，把砌塾馆的建材悄悄买好运到塾馆旧址上。第二天，方圆几里的木匠、瓦匠等拿着锯子、瓦刀自发赶来做起了义工。三天时间，新塾馆就建成了。

有一天，韩乐吾从外地讲学回家，途中被剪径的打劫。他不但把讲学的薪水全给了他们，还脱下一身外衣。这时，韩乐吾对他们说："我不能再脱了，否则我连遮身之物也没有了。其实，我也知道你们是穷得没办法才这样做的。"

说罢，韩乐吾径自往家走。过了一会儿，韩乐吾听到身后有脚步声，以为剪径的不知足，又来要他的内衣。而令韩乐吾没想到的是，那3个剪径的汉子慌慌张张来到他的面前，纷纷跪倒，嘴里连连说："我们有眼不识泰山，冒犯了大名鼎鼎的韩乐吾先生！实在对不起您！东西全还给您！我们怕您再遇强盗，所以特地送您回家。"

当晚，3个剪径的汉子把韩乐吾一直送到了家门口，然后转身就走。

韩乐吾连忙拦住他们说："银子你们全拿去，衣服我收下，到我家吃点东西再走。钱财如粪土，仁义值千金。"当晚，韩乐吾特地将妻子叫起来为他们弄夜宵。

韩乐吾了解到这3个剪径的汉子本来都是好人，因交不起官税地租，被逼无奈，才走了这条路。韩乐吾什么都没说，叫妻子凑了点铜钱给他们；劝他们三人合伙做生意，或帮人家做工，千万不要再做这种事。临别时，韩乐吾特地写了一幅字送给三人："见善行善，如春园之草，自有芬芳之日；见恶行恶，如磨刀之石，必有灭身之时。"

据传，在数九寒天、大雪纷飞的日子里，韩乐吾时常担心一些穷苦的人因断炊被饿死。但他既要忙于教学，又要顾及一家人的生活，没有多余的工夫去了解每一家的生活情况。后来，他终于想出了"望烟送粮"的办法。

每当煮饭的时候，韩乐吾就爬到自家的废窑顶，放眼四望；发现谁家烟囱里不冒烟，烟囱旁边积雪未化，他就判断这户人家缺草缺粮。然后，他从家里背上一捆草，带上一瓢米，给这户人家送去。

韩乐吾"望烟送粮"的办法，帮助了不少贫困家庭，也救了不少将被饿死的人。韩乐吾给孤儿余坯家送过好几年粮草。余坯的爷爷死后，韩乐吾又将余坯带到自家读书，并帮他成家立业。后来，余家把韩乐吾当做第一始祖供奉。

□故事感悟

韩乐吾"望烟送粮"、乐善好施的精神，至今仍在人民群众中广为传诵，并将永久流传下去。他"见善行善，如春园之草，自有芬芳之日；见恶行恶，如磨刀之石，必有灭身之时"的一幅字，也必将成为后人时刻铭记的警言。

□史海撷英

明朝厂卫机构

明朝主要的情报机构包括锦衣卫、东厂和西厂，武宗时期还一度设有内行厂。

锦衣卫设立于洪武十五年，负责侦查国内外情报，直接对皇上负责，拥有可以逮捕任何人，并进行秘密审讯的权利。在东厂设立后，锦衣卫权力受到削弱。

东厂成立于永乐十八年，是明成祖为了镇压政治上的反对力量而成立，地点位于京师东安门北。东厂的主要职责就是监视政府官员、社会名流、学者等各种政治力量，并有权将监视结果直接向皇帝汇报。依据监视得到的情报，对于那些地位较低的政治反对派，东厂可以直接逮捕、审讯；而对于担任政府高级官员或者有皇室贵族身份的反对派，东厂在得到皇帝的授权后也能够对其执行逮捕、审讯。东厂在设立之初，就由宦官担任提督，后来通常以司礼监秉笔太监中位居第二、第三者担任。

西厂设立于宪宗时期，首领为汪直。1482年后被废，其后又被武宗短暂恢复。

内厂设置于武宗时期，首领为宦官刘谨。刘谨伏诛后，内厂与西厂同时被废，仅留东厂。

■**文苑拾萃**

郑和航海图

明代航海图籍。原名《自宝船厂开船从龙江关出水直抵外国诸番图》，后人多简称为《郑和航海图》。约成于洪熙元年（1425年）至宣德五年（1430年）间。原图为自右而左展开的手卷式，茅元仪收入《武备志》卷240后改为书本式，共24页，包括茅元仪序1页，图20页，《过洋牵星图》2页（四幅），空白1页。

该图制作于郑和第六次下西洋之后，全体下洋官兵守备南京期间。其时正值明宣宗朱瞻基酝酿再下西洋之际，因将郑和船队历次下西洋航程综合整理，绘制成整幅下西洋全图，为郑和使团适应下西洋的需要而集体编制的不朽之作。全图以南京为起点，最远至非洲东岸的慢八撒（今肯尼亚蒙巴萨）。图中标明了航线所经亚非各国的方位，航道远近、深度，以及航行的方向牵星高度；对何处有礁石或浅滩也都一一注明。图中列举自太仓至忽鲁谟斯（今伊朗阿巴丹附近）的针路（以指南针标明方向的航线）共 56 线，由忽鲁谟斯回太仓的针路共 53 线；往返针路全不相同。表明船队在远航中已灵活地采用多种针路，具有高超的航海技术和较高的海洋科学水平。在图中郑和船队所经之地，均有命名。图中的约 500 个地名中，外国地名约 300 个，大大超过汪大渊《岛夷志略》一书所收的外国地名。

范纯仁买画送麦

范纯仁（1027—1101），字尧夫。北宋大臣。吴县（今江苏苏州）人。范仲淹次子。以父恩补太常寺太祝。皇祐元年进士及第，以事亲不赴官，后为范仲淹执服毕始出仕。

范纯仁是北宋著名文学家、政治家范仲淹的儿子，他受父亲影响，性情敦厚善良、正直无私。有一次，范仲淹让他把5担麦子从水路运回家乡。于是范纯仁带着人从运河出发了。

一天傍晚，范纯仁一行人靠岸休息。岸上传来一阵喧闹声，纯仁走上岸去。只见一个衣衫褴褛的中年人正在卖字画，旁边还站着许多围观的人。

中年人脸色憔悴，语调凄切："在下石曼卿，父母双亡却无钱安葬，无奈在此卖字。请各位过往好人开恩，买些字画，好让在下父母早些入土为安，了却我为人子的心愿。"

范纯仁内心感到一阵痛楚，于是走上前问道："先生的遭遇令人叹息，可是这卖字画所得的钱款微乎其微，先生何时才能筹足安葬费呢？"

石曼卿仰天长叹一声，忍不住潸然泪下。

范纯仁见了，心中更加不忍。忽然，他上前几步，举起双手，把挂在墙壁上的字画全摘了下来，然后大声说："先生，这些字画我全要了。"

石曼卿大喜过望，可是神情马上又黯淡了下来，低声说道："我的笔墨平平，相公不该一下子买我这么多字画。"

范纯仁说："你我都是读书人，买不买字画都是小事，你就当交了我这个朋友吧。"说完，便拉着石曼卿走向小船。

范纯仁指着5担麦子说："石先生，你我虽然是萍水相逢，但君子当急人所急。今日先生有急难之事，我理当相助。这5担麦子是家父让我送回老家的，请先生收下，拿回家去卖掉，再买块坟地安葬老人吧！"

石曼卿一时语塞，只是一个劲地摇手："万万不可，万万不可……"

"先生不必客气，这些麦子就当是我借给先生的，他日先生方便时再还我就是了。"纯仁说着，吩咐仆人赶快去抬麦子。

石曼卿感激得泪如雨下。

回家后，范纯仁将此事一五一十地禀报父亲。范仲淹非但没有责怪他，反倒高兴地夸奖道："孩子，你做得对！君子当急人所急！"

■ 故事感悟

"君子当急人所急"，范纯仁把自家麦子送予需要帮助的穷苦读书人，正体现了其恤寡怜贫、急公好义的高尚情操。

■ 史海撷英

勿因人废言

范纯仁为人正派，政治见解与司马光同属保守派。熙宁二年（1069年）七八月间，范纯仁上书皇帝，公开指责王安石"掊克财利"，他也因反对王安石变法遭贬逐。但司马光复相后，坚持要废除"青苗法"。对此，范纯仁却不为然。范纯仁对司马光说："王安石制定的法令有其可取的一面，不必因人废言。"他希望司马光虚心"以延众论"，有可取之处的主张尽量采纳。可惜司马光并不以此为意，只把范纯仁的看法当做耳边风。司马光尽废新法，不能不说他带进了自己的个人情绪的影响。苏轼、范纯仁等人相当惆怅地叹息："奈何又一位拗相公。"

■文苑拾萃

鹧鸪天·和持国

范纯仁

腊后春前暖律催。日和风软欲开梅。
公方结客寻佳景，我亦忘形趁酒杯。
添歌管，续尊罍。更阑烛短未能回。
清欢莫待相期约，乘兴来时便可来。

沈道虔 "躲" 盗贼

沈道虔（生卒年不详），吴兴武康人。从小就乐于助人，急公好义。喜欢读《老子》《周易》。

沈道虔是吴兴武康人，是我国宋朝时一位品德高尚的隐士。他蔑视当朝权贵，不满统治者的懦弱无能；看不惯官场中"举秀才，不知书；察孝廉，父别居。寒素清白浊如泥，高第良将怯如鸡"的腐败现象。于是，他就早早地辞官不做，仿效陶渊明，当了一名隐逸世外的农夫。

尽管种地的日子非常清贫、辛苦，仅够填饱肚子，但沈道虔只要一有机会，总是尽可能地去帮助、周济别人。有时候甚至宁可自己挨饿，也要把地里种出的一点儿粮食让给其他更困难的人。

有一次，沈道虔外出访友。一个小伙子趁他不在，偷偷溜进他的菜园里拔园中的萝卜吃。正好这天沈道虔的朋友不在家，于是沈道虔很快就回来了。刚刚走到村边，沈道虔发现了自己园子里有人在偷萝卜。要是换作别人，一定会悄悄走过去，抓住偷萝卜的人，叫他赔偿。可沈道虔并不这样，他跑到村里的草垛后躲起来。等到那偷萝卜的人偷够了离开菜园后，他才出来。村里有人发现了躲在草垛后的沈道虔，问明情况后，好奇地说："沈居士，就算你不追究他偷你东西，起码也该阻止一下啊。你倒好，反而躲起来怕他发现，好像你是贼似的。他把你园中的萝卜偷光了，看你吃什么！"沈道虔笑笑说："他偷萝卜是因为饿得太厉害了，我要是突然出现，一定会吓着他。几个萝卜算不了什么，总不能为这点小事伤了人家的自尊心，坏了别人的名声啊。"

又有一个人偷沈家屋后的竹笋，沈道虔劝阻说："我珍惜这些竹笋，是想让它长成竹林，我有比这更好的竹笋再送给你。"于是自己掏钱买了一些大竹笋送给那个人。那偷拔竹笋的人感到十分惭愧，没有接受，沈道虔便亲自把竹笋送到那人的家中才回来。

遇上干旱或水灾的时节，田里收成不好，沈道虔常常靠拾取别人收割后、遗留在田里的禾穗过日子。有一次，同他一块去拾禾穗的人为了几株禾穗发生了争吵。沈道虔几次劝阻，他们还是吵嚷不休，沈道虔就把自己拾得的禾穗都给了他们。争吵的人感到十分内疚，都推辞不受。后来每当与人发生争执时，他们就互相告诫说："不要让沈居士知道了。"

冬天，沈道虔没有钱添衣御寒，这件事被当时著名的山水画家戴颙知道了。戴颙十分爱惜沈道虔这样的人才，便把他接到家中，替他做了好几件冬衣，并送给他一万钱。沈道虔回到家中，发现乡里还有好几个冻得缩在屋角发抖的邻居，就把戴颙送给他的衣服和钱全部分给了这些没有衣服的人。

故事感悟

沈道虔为人热诚善良，并乐善好施，宁肯自己吃苦受冻也要帮助别的穷苦百姓，他的这种行为和品质是多么高尚啊！在他的身上，我们看到中华民族传统美德的集中体现。

冬月无复衣

解释：冬天没有第二件衣服可穿。形容家境贫寒。

出处：《宋书·沈道虔传》，"冬月无复衣，戴颙闻而迎之，为作衣服，并与钱一万。"

苏轼书画助卖扇人

苏轼（1037—1101），字子瞻，又字和仲，号"东坡居士"，世人称其为"苏东坡"。汉族。眉州（今四川眉山，北宋时为眉山城）人，祖籍栾城。北宋著名文学家、书画家、词人、诗人、美食家，"唐宋八大家"之一，豪放派词人代表。其诗、词、赋、散文均成就极高，且善书法和绘画，是中国文学艺术史上罕见的全才，也是中国数千年历史上被公认文学艺术造诣最杰出的大家之一。其散文与欧阳修并称欧苏；诗与黄庭坚并称苏黄；词与辛弃疾并称苏辛；书法名列"苏、黄、米、蔡"北宋四大书法家之一；其画则开创了湖州画派。

北宋政治家范仲淹提出自己为人处世的准则："先天下之忧而忧，后天下之乐而乐。"这既体现了一种忧国忧民、关心民众疾苦的宏大抱负，也表达了一种急人之所急、想人之所想的与人为善的情怀。

中国古代许多志士仁人都是这样去身体力行的，我国著名的文学家苏东坡就是这样一个忧人之所忧、同情关心他人的光辉典范。他不仅关心祖国的安危荣辱，而且对身边的人也同样关怀，见人有了困难总是倾力帮助。

东坡先生在钱塘任职时，有人告发了一位欠绫绢钱两万而不还的人。先生仔细查看状纸，推敲实际情形，觉得被告不像是个阴险狡诈、故意欠钱不还的无赖。于是，他马上差人叫这人来问话，看究竟是怎么回事。这人到了堂上，行过礼后便低头默默不语，既不向东坡哭诉，也不大喊冤枉，只是一副满脸愁苦的样子，偶尔叹一口气。东坡见他衣着破旧，行为规矩，倒像是个通情达理的穷苦老实人。于是问道："有人告你欠钱不还，你可知罪？"这人叩头表示认罪。东坡见他毫不申辩，于是又问："我看你并不像胡搅蛮缠的人，你不还钱是不是有什么隐情？"这人抬头感激地看了东坡一眼，见东坡与那些只求得过且过、办案草草了事的官员不同。于是恭恭敬敬地回答道："我家世代以制扇为业，而今父亲刚刚去世，妻子又在这时候生了孩子；加之从今春以来，阴雨连绵，天气寒冷，做好的扇子卖不出去，造成大量积压。实在是无钱还债，不是我故意拖欠不还。"

东坡仔细打量了他半天，觉得这人如果仅因为无力偿债而坐牢，实在有些冤枉，并且会使他本来就已经十分窘困的生活雪上加霜。东坡不由得对他动了恻隐之心。这时，他突然想出了一个主意，就对这卖扇人说："姑且把你所做的扇子拿来，我为你卖出去。"这人抬头惊讶地说："这怎么行呢？您可是大老爷啊！"苏东坡笑笑，挥一挥袖子说道："你去就是了。"这人连忙叩头谢恩，然后跟着两个差人往家里走去。

不一会儿，扇子拿来了。东坡取出夹绢做的白团扇20把，提起书案上批文用的判笔，在扇面上或作行草书法，或作枯木竹石绘画，不出一顿饭的工夫就完成了。只见原本洁白的扇面上，顿时出现了行云流水的书法和栩栩如生的图画。有的翩若惊鸿，有的矫若游龙，有的活灵活现，有的超尘脱俗。

东坡把它们交给卖扇人说:"拿出去卖掉,赶快偿还所欠的债。"这个人抱着扇子感激涕零地出去了。刚刚走出公府大门,一些好奇的人争着以高价买团扇,这人手中的扇子一下子就卖完了。后来的没能买到扇子的人,都紧紧地围着卖扇人,想看看还能不能以更高的价钱购得一把,最后发现实在是没有了,才十分懊丧地走了。卖扇人不仅还清了所欠的债,还得到一点盈余。

整个县城的人听到这件事都嗟叹再三,甚至有人为苏东坡此举感动得掉了眼泪。

▉故事感悟

作为一方父母官,苏东坡能够体恤民情,谅解卖扇人的难处,并用自己的才学帮助卖扇人把扇子卖掉清还了债务。这种行为真是可贵,不愧为后人世代颂称的名家大儒。

▉史海撷英

苏轼的两次被贬

元丰二年(1079年)苏轼因为作了几首讽刺诗,被御史李定等挑出几句,在神宗面前奏他怨谤侮慢;神宗命李定办理此案,苏轼险些被处死。幸亏神宗怜才,苏轼方保一命,被贬到黄州去做团练副使。"东坡居士"的别号,就是他到黄州在东坡建了一间屋后自取的。

司马光上台,苏轼被召回汴京。司马光当权以后,把王安石新法一律废除。对此,苏轼很不满,主张保留其行之有效的部分。有人把他看成第二个王安石,使他在旧党中也无法容身,只好又自请外调,做过杭州、颍州、扬州、定州等地的太守。绍圣元年(1094年)哲宗亲政,新党再度上台，苏轼又因"诋谤先朝"的罪名，远贬惠州、儋州（海南岛）。

苏轼在政治方面，应该说是个良吏。他在徐州任职时，正值黄河决口，水漫徐州城，富民纷纷出城避水。苏轼为不使民心动摇，将富民赶进城中，亲自带领军民筑堤防水，"过家不入"，徐州得以保全。他在杭州任职时，"大旱，饥疫并作"，他请求朝廷免去该地上供物品的三分之一，以救济灾民。

苏轼被贬官黄州后，进入了政治上的失意时期，然而，这时却是他文学上的丰收季节。他在诗、词、赋等方面都取得了很大的成就，并继欧阳修之后，成为北宋文坛领袖。

□ 文苑拾萃

苏轼与《念奴娇·赤壁怀古》

苏轼多次游览黄州赤壁，面对滚滚东流的长江，想到自己建功立业的抱负如这东去的流水，不禁俯仰古今，浮想联翩，写下了千古名篇《念奴娇·赤壁怀古》。

他慨叹"千古风流人物"一去不返，气势突兀，雄视千古。通篇充满了作者的美妙理想同可悲现实的矛盾。他本希望像三国时的豪杰那样建立功名，但可悲的现实却是"早生华发"，一事无成，反落得贬官黄州，这怎不使他发出"人生如梦"的哀叹呢？

在《念奴娇·赤壁怀古》中，作者写景咏人，怀古伤今，慷慨激昂，苍凉悲壮，气势磅礴，一泻千里，被人誉为"千古绝唱"。这首词的成就，使他创立的豪放词在我国词的发展史上占有重要地位，对后世有很大影响，至今仍为词家所宗法。

孙秀实卖田产替人还债

孙秀实（生卒年不详），元朝大宁人。他秉性宽厚仁慈，热心周济有困难的穷苦百姓。

中国有句俗话，叫做"雪里送炭真君子，锦上添花滥小人"。说明帮助人要帮在别人急难之时，因为那些处于困境中的人更需要别人的抚慰和关心。我国元朝时以"孝友"而闻名当世的孙秀实，就是这样一位雪中送炭、急人所急的人。

有一次，同乡王仲和托孙秀实作担保，向乡里的富人借钱做生意，后来因为贫穷而没有能力偿还，王仲和竟然丢下家里唯一的亲人——他年迈的父亲逃走了，从此杳无音讯。富人虽然相信孙秀实的为人，但因为连本带利已欠下不少，借债的人又已经逃得不知所踪，不得已而向担保人孙秀实讨过好几次债。孙秀实的家人因此埋怨他轻信王仲和，最后落得个被人催债的下场。

孙秀实却不以为然，反而充满同情地说："仲和在外面一定过着不安心的苦日子，还有他家里的老父亲，实在是可怜。我们得经常照看着些，才不辜负同乡的情谊啊！"于是，孙秀实便隔三差五地去仲和家，代他探望老父，并帮着做些力气活，有时还送些吃穿用具过来。

过了几年，王仲和的父亲思念儿子，生了重病。孙秀实每天送去柴米慰问，王仲和的父亲还是始终提不起劲来，终日流着眼泪。孙秀实可怜仲和的老父，不顾别人的拦阻，变卖了家里的田产和一些值钱的东西，好不容易代仲和偿还了全部欠债。孙秀实取回债契还给仲和的父亲，又请别人骑着马带上钱，寻找仲和。过了一个多月，王仲和被找回来了。父子终于欢聚，仲和父亲的病也一天天好起来了。

听说此事的人无不感赞扬孙秀实的为人。

□故事感悟

孙秀实为人热诚善良、乐于助人，他为了帮助穷苦朋友宁愿牺牲自己的利益，这种品质是多么高尚啊！

韩愈犯颜为民请命

韩愈（768—824），字退之。汉族。唐河内河阳（今河南孟县）人。自谓郡望昌黎，世称韩昌黎。唐代"古文运动"的倡导者。宋代苏轼称他"文起八代之衰"，明人推他为"唐宋八大家"之首。与柳宗元并称"韩柳"，有"文章巨公"和"百代文宗"之名。著有《韩昌黎集》40卷、《外集》10卷、《师说》等。

唐德宗年间，长安地区遇到了几十年未遇的大旱。田地龟裂，禾苗枯萎，大路上积着没脚深的浮土。这里已有半年滴雨未下了。

一天，一匹枣红马驰出京城长安，马上坐着一位头戴高冠，身着青色官袍的30多岁的人。他就是当朝御史（专管监察的官员）韩愈，专程去郊县察看旱情的。烈日当空，不一会儿，韩御史便汗流浃背、气喘吁吁了。经过半天的颠簸，他终于来到了郊县的一个小村子。他跳下马，缓步来到地头上。韩愈脸色严峻，眉头紧皱，一位腰背佝偻、面孔黝黑的老农急忙迎上去和他交谈起来。

由于韩御史已来过多次，当地百姓和他已很熟识。

"韩大人，这可是几十年未遇的大旱啊！"

　　韩愈蹲下来仔细察看枯黄的庄稼，边问老农："老哥，估计下来能收多少？"

　　"顶多是正常年景的一两成吧。"

　　"那租赋怎么办？"

　　"官府说一粒谷也不能少，老百姓只好卖儿鬻女来完租赋了。"讲到这里，老农声音哽咽，眼含泪花。"韩大人，你要为百姓讲话啊！"

　　韩愈站起来，心情沉重地点点头。他随老农又走访了几户人家，看了他们住的、用的，尝了尝他们锅里的粗糙饭食。最后，他说："御史是喉舌之官，我一定将灾情如实禀奏圣上。"

　　回来的路上，韩愈在城门附近看到了一群骨瘦如柴、衣衫褴褛的老百姓。他们被绳子绑成串，跌跌撞撞地由差役赶着走。韩愈问："这些人触犯了什么刑律？"

　　"不肯交租！"差役说。

　　"我们连饭也吃不上，拿什么交租啊！"被拘押的百姓悲凄地说。

　　差役举起鞭子，恶狠狠地说："少啰嗦，到了衙门再给你们颜色看！"

　　韩愈再也忍不住了。他匆匆策马回府，拿起毛笔，铺开卷轴，奋笔疾书了一份奏章。

　　奏章说，长安附近几个县，半年来没落雨，年成怕收不到往年的十分之一；许多百姓被迫卖儿女换口粮，交租税，好多人家已经断炊。"此皆群官之所来言，陛下之所未知也。"韩愈接着又说，京城是四方的腹地，国家的门面，对京城百姓应该倍加爱护。最后，韩愈建议减免今年长安地区农民的租赋，让人民度过灾年。

　　奏章写罢，韩愈逐渐冷静下来。他不由得想起这份奏章呈上后可能产生的后果——它会得罪好多人。首先，京兆尹（京城的地方长官）李实就会很不高兴。前几天李实还在唐德宗面前说过"今年虽旱，谷子长得却好"的话，自己这份奏章等于告他"欺君"之罪，而李实在朝廷里有许多支持者。其次，还会得罪宦官。这些人在皇帝身边整天说些粉饰太平的话，以博取皇帝的欢心，这份奏章无异于揭穿他们的骗局。而自己又怎能斗过李实和宦官联合起来的势力呢？

韩愈在书房里踱来踱去，思想斗争十分激烈。他无意中看到了墙上的条幅："苛政猛于虎。"这是他当御史时写来自勉的。他想："国以民为本，民以食为天。"身为御史，如果不管黎民百姓死活，不为他们讲话，哪里还谈得上忠君爱国呢？

第二天早朝时，韩愈毅然将奏章呈上。果然，这份奏章像一把火，着实烧痛了朝中的一些大臣，他们群起反对。昏庸的唐德宗生气了，下诏贬韩愈到广东阳山去当县令。

■故事感悟

韩愈体恤民间百姓疾苦，不惜冒着罢官的危险触犯龙颜。这种为民请命而不怕贬官的精神，值得我们后世为官者学习。

■史海撷英

北宋诗文革新运动

中国北宋继唐代古文运动而起的文学革新运动。主要反对以西昆体为代表的浮靡文风，主张对诗、文进行革新。北宋初年，面对土地兼并日剧，各种社会矛盾日益暴露，政治斗争日趋尖锐，一些开明的中下层士大夫文人主张革除社会弊病，要求文学反映现实；而当时风靡文坛的西昆体根本无法担当这样的历史使命，于是他们推崇韩愈、白居易。反西昆成为政治改革派们在文学上的反映。

北宋诗文革新运动是继唐代古文运动之后，又一次把古代文学特别是散文以及文论的发展推进了一步，对后世影响巨大。此后，以"唐宋八大家"为代表的古文传统一直被奉为正宗。但同时，北宋诗的散文化和以议论为诗的概念化倾向，为南宋理学家的散文所师法，表现了该运动的历史局限。

□文苑拾萃

《师说》

韩愈

古之学者必有师。师者，所以传道受业解惑也。人非生而知之者，孰能无惑？惑而不从师，其为惑也，终不解矣。生乎吾前，其闻道也固先乎吾，吾从而师之；生乎吾后，其闻道也亦先乎吾，吾从而师之。吾师道也，夫庸知其年之先后生于吾乎？是故无贵无贱，无长无少，道之所存，师之所存也。

嗟乎！师道之不传也久矣！欲人之无惑也难矣！古之圣人，其出人也远矣，犹且从师而问焉；今之众人，其下圣人也亦远矣，而耻学于师。是故圣益圣，愚益愚。圣人之所以为圣，愚人之所以为愚，其皆出于此乎？

爱其子，择师而教之；于其身也，则耻师焉，惑矣。彼童子之师，授之书而习其句读者，非吾所谓传其道解其惑者也。句读之不知，惑之不解，或师焉，或不焉，小学而大遗，吾未见其明也。巫医乐师百工之人，不耻相师。士大夫之族，曰师曰弟子云者，则群聚而笑之。问之，则曰："彼与彼年相若也，道相似也。位卑则足羞，官盛则近谀。"呜呼！师道之不复，可知矣。巫医乐师百工之人，君子不齿，今其智乃反不能及，其可怪也欤！

　　圣人无常师。孔子师郯子、苌弘、师襄、老聃。郯子之徒，其贤不及孔子。孔子曰："三人行，则必有我师。"是故弟子不必不如师，师不必贤于弟子，闻道有先后，术业有专攻，如是而已。

　　李氏子蟠，年十七，好古文，六艺经传皆通习之，不拘于时，学于余。余嘉其能行古道，作《师说》以贻之。

富弼不顾诽谤助灾民

富弼（1004—1083），字彦国。洛阳（今河南洛阳东）人。天圣八年（1030年）以茂才异等科及第，历知县、签书河阳（孟州，今河南孟县南）节度判官厅公事、通判绛州（今山西新绛县）、郓州（今山东东平县），召为开封府推官、知谏院。

北宋仁宗时期，青州（今山东青州）知州富弼在大灾之年，救助几十万灾民的事迹，在百姓心中树立了一座巍巍丰碑。

当时，有个叫石首道的人作了一首《庆历圣德诗》，诗中除赞颂仁宗的清政之外，还热情地赞颂了富弼、范仲淹、韩琦等人的政绩。不料过了不久，石首道遭人诬陷下狱。富弼的政敌见有机可乘，便借题发挥，恶毒地对富弼进行诽谤、攻击。仁宗在不明真相的情况下，将富弼治罪降职，先由朝廷枢密使降为河北宣谕使，继而改任郓州知州，紧接着又贬为青州知州。一些人看到富弼连连降职，也开始对他不信任起来。一时间，流言四起，富弼的处境非常艰难。

在身处逆境的情况下，富弼仍然牵挂着百姓，根本没将个人的荣辱得失放在心上。他到青州上任之后，正巧这年黄河以北发生了大灾。老百姓纷纷背井离乡，向东辗转迁徙，仅到青州境内的就有六七十万人。富弼看到颠沛流离、妻离子散的难民，顿生同情之心。他命令青州各地，不论困难多大，一律要无条件收留、安顿灾民。为解决灾民的吃饭问题，富弼冒着极大的风险打开了国家粮仓，对灾民进行赈济；还说服动员青州的广大百姓捐粮捐衣，救助受难的同胞。

为了解决灾民的住宿，他出面亲自协调，妥善地安置了一批又一批灾民。由于他细致、周密的安排，灾民们来到青州，居有室，食有粮，病有所治。逃到邻近县的灾民一看青州如此厚待灾民，也纷纷前来投奔。一时间，在通往青州的大道上，灾民像赶大集一样，络绎不绝。

这时，一些关心富弼的人看到这种情况连忙到州衙去劝富弼："近年来，您的敌人无事生非，对您进行攻击。现在您这样厚待灾民，更容易招来猜疑和诽谤。一旦给他们留下口实，下一步您面临的灾祸将不堪设想。"

富弼听到这善意的劝告，不仅没有取消安置计划，反而更坚定了救助灾民的决心。他回答说："现在六七十万灾民处在水深火热之中，我不能为了保全自己而置几十万灾民的性命于不顾。假如由于我的努力，这些灾民能顺利度过灾年，我个人即使遭再大的罪也心甘。"

此后，他对安置灾民更尽心了，四处奔波，多方协调，常常是腰酸背痛，口干舌燥。

第二年，灾民们先后扶老携幼、依依不舍地离开青州，返回故乡。临走之前，许多人跪在州衙门口，感激富知州救命之恩。然而，富弼却从不接受这种感激之情，他认为自己只不过做了一个知州应该做的事情。

□故事感悟

富弼不顾朝廷的猜疑和政敌的诽谤，冒着丢官杀头的危险毅然开仓放粮，妥善安排救助灾民，事后而不居功。富弼的这种行为和品德堪称为官者的楷模！

富弼一心为国

至和二年（1055年），富弼被授同中书门下平章事、集贤殿大学士，与文彦博同日拜相。两年后的一天，仁宗上朝时突然昏厥，被扶入宫中诊治。朝中大臣十分惊慌，议论纷纷。庙堂之上的富弼却很冷静，他和文彦博一起留宿宫中以防不测，并随时询问仁宗病情，使宫中秩序很快恢复。后来富弼还与朝中大臣一道，劝仁宗早立皇嗣以安定人心。

至神宗立，为了富国强兵，神宗于熙宁元年（1068年）四月召王安石进京，变法改制。神宗想问问富弼对变法的看法，因富弼是三朝元老，许其肩舆至殿门，不必叩拜，坐下说话。结果富弼一见神宗就说："我反对变法。"神宗又问边防事宜。富弼说："陛下执政不久，当布德行惠，希望20年口不言兵。"神宗听后十分不快，革其相位，以仆射出判汝州。

富弼见神宗重用王安石，知道自己不能与其争，于是称病退休，欲回洛阳，上疏几十次才被准许。临行，他又上疏神宗，说："现在王安石变法，起用许多小人，加上地震、旱灾，国事堪忧。"神宗问他去了之后，谁可代他为相，他推荐文彦博。神宗又问："王安石如何？"富弼沉默不答。

由此，王安石的儿子王雱恨死了富弼，私下说："枭富弼之首于市，则法行矣。"于是富弼退居洛阳，与文彦博、司马光等13人组成"洛阳耆英会"；每日在自己府中置酒，赋诗吟和。但每遇国家大事，他仍谏言献策，畅所欲言。

小山压大山

耶律倍失去了继承皇位的权力以后，又被迫迁到东平（今辽宁省辽阳市），受到监视。这使他十分气愤，想离开契丹。这时候，恰好后唐的唐明宗知道了这种情况，派人送来密信，请他去后唐。他高兴地接受了邀请，决定投奔到中原去。临行前，他作了一首诗：

小山压大山，大山全无力。

羞见故乡人，从此投外国。

这首诗中的"小山"是指耶律德光；"大山"指的是他自己。诗中抒发了委屈出奔的心情。他把诗刻在一块木牌上，竖在海边。到了后唐，他受到后唐热情的接待，并得到官职，改名为李赞华，表明他对汉族文化的赞扬。

"灵芝老人"王明光的无私奉献

多年以前，人们争相传诵着一个普通的离休孤老王明光与"仙草"灵芝结下了不解之缘。这么多年来，老人一直默默奉献着自己的"爱心"，他四处求购灵芝并无偿赠送给贫困的疾病患者，重燃了一个又一个生命的希望。

当有人问起老人为什么这么做时，老人很坦诚，他说自己所做的一切十分平常，不值得宣传。朴实的话语背后让人感受到上海市民的一种爱心精神在这位老人身上的集中体现。

1982年，王明光因患神经衰弱症、失眠症等多种疾病而提前退休。当年王明光为了治病，几乎跑遍了本市各大医院，喝了数不清的中草药。但令人遗憾的是，一切都无济于事。

王老伯实在没办法了，就想到了灵芝药材可治失眠。他抱着试试看的心理，让远在江西的侄女给他邮寄1斤野生灵芝。半年后，奇迹出现了，他的失眠症竟然治好了。

这对于久病不愈的王明光来说简直就是一个天大的喜讯！此后不久，发生在小区里的一件事情，令老人感慨万分。从此，他决定让灵芝为更多的病人造福。

1983年，与王明光同住于南汇莲溪小区的周士根妻子突然被确诊为鼻癌。为了给妻子看病，周士根花完了家里所有的积蓄，并债台高筑。实在走投无路了！向单位领导借钱，但没有借到。

王明光意外得知此事后，立即带着300元现金去探望周士根的妻子。"对！野生灵芝肯定有用！"看着病人枯瘦焦黄的脸庞，王明光心急如焚。他急忙给远在江西的侄女打长途电话："快！以最快的速度寄几斤灵芝过来，钱我现在就汇过去。"

3天后，野生灵芝寄到了！王明光抱着灵芝一路小跑来到周家。周士根一家三口齐刷刷地向王明光老人下跪谢恩，泪雨纷飞。

奇迹也真的出现了。服用野生灵芝几个月后，周士根妻子的病开始好转了。为此，连医生们都惊叹不已。

2003年年底，王明光听说杨浦区一贫困家庭的7岁儿童吴一帆得了"白血病"。他亲自上门送去了两斤野生灵芝，并坚持每隔两个月就上门为孩子送灵芝。目前吴一帆病情好转，竟然还长出了头发，饭量也大增。

对于王明光的义举，居委会的孙丽华最熟悉了。"他从来没有让人失望过，凡是前来求助的人，他一般都会一次性送给两斤野生灵芝。对有些贫困病人碍于面子，不好意思前来讨要的，他便亲自送上门去。"

老人的灵芝让一对常年失眠的母女也大受其益。家住在浦东的张爱萍母女得了整夜失眠的"怪病"，他们长年四处寻医问药，也不知服了多少中西药，丝毫也不见好转。于是母女俩就找到了王明光老人。

"你们不用担心费用，只要我这里有野生灵芝，就一定保证供给。"王明光拍拍胸脯，立下了"军令状"。他从床底下拖出一个硕大的塑料袋，抓出一大把野生灵芝赠送给母女俩。张爱萍母女没有想到，这个朴素的老人竟如此慷慨！母女俩从衣袋里掏出几百元钱给他，被王明光一口回绝。"如果吃得有效果的话，一个月后再来拿吧。"老人简单地只说了这样一句话。张爱萍母女吃了两个月时间的灵芝后，终于都能睡上整夜的安稳觉。母女俩都病愈了，从此以后精神焕发。

久病成医，王明光老人俨然成了个灵芝专家。老人发现，现在市场上卖的灵芝大多数都是人工培植的，一些人工培植的灵芝吃了并没用，如能亲自到深山中去采野生灵芝，才是最好的保证。王明光老人一下子萌发了这个念头。

1999年，王明光进山了。一次，他独自背着20余斤灵芝还未走出吉林的一处深山，突遇狂风暴雨，为了不让灵芝淋湿，他立即脱下衣服小心翼翼地包裹住装灵芝的蛇皮袋。由于下山路滑，不小心腿抽筋摔了几跤，膝盖上满是鲜血，第二天就卧床不起，得了病毒性感冒，元气大伤……

岁月不饶人，他逐渐感觉靠自己力量不够了。于是，他发动了所有的外地亲戚朋友，四处进山去找野生灵芝。

20多年中，老人拿出自己微薄的工资帮助他人，经济负担可不小。老人却表示自己要感谢不少好心人的帮助，外地亲戚帮他寻找野生灵芝，总不愿意收钱，实在推不掉，就勉强收下几百元；还有一些专业保健品市场上的商贩，他们得知老人的情况后，总是真正让利半卖半送于他。

老人身边有一本发黄的"工作手册"，上面每一页都记载着一个病人的详细资料，一笔一画都写得极其认真，其中有周浦镇的，还有江苏、山东等外省市的……懂行的人都知道，野生灵芝一般都以克论价，价格奇贵无比。在这21年的救助行动中，王明光几乎用完了自己所有的积蓄。

王明光的两室一厅的家里，只摆放着用了几十年的旧沙发，彩电是唯一的"时尚家具"。由此看来，他的生活极其节俭。

为了买灵芝，老人每年都要去几趟江西。每次出门为了省钱都是买硬座票，自带着干粮，连饮料都舍不得买。他几乎省下了所有能省下的钱。

除了赠人灵芝，王明光老人还义务捐助许多贫困学生。王明光捐助了江西两个高中生，每人每年4000元，如今一个已考上了大学。他表示，只要两个人努力读书，他准备一直资助下去。

不久前，王明光听说小区里有一个叫徐雯雯的女孩考上了水产大学。但她从小就没了母亲，父亲因患皮肤癌而高位截肢，家庭生活很困难。老人毫不犹豫与徐雯雯一家签订了帮困助学协议，每年都资助徐雯雯4000元学费，直至她大学毕业。

"其实，我只是一个普通的人，一分付出一分收获。面对弱者，我希望会有更多的人伸出援助之手。对于他们来说，一滴水就是一片汪洋。"老人非常朴实地说。对于未来，老人则做好了打算，把卖房子所得钱款，其中5万元交党费，10万元捐给上海市慈善基金会。

为了表彰老人无私的捐赠行为，2004年10月，上海市第17个敬老日，王明光老人接到了上海市慈善基金会的特别邀请，和近百位接受免费手术后重见光明的白内障复明者及特困老人一起参加"光明之旅——看上海"活动。在活动现场，上海市慈善基金会工作人员向"灵芝老人"赠送了一本由领导题词的市慈善基金会10周年的精美纪念册，表达对老人的一片敬意。

■故事感悟

"其实，我只是一个普通的人，一分付出一分收获。面对弱者，我希望会有更多的人伸出援助之手。对于他们来说，一滴水就是一片汪洋。"这一番 感人肺腑的话，映衬出王明光老人的崇高品质！

养老保险制度改革

1984年，中国各地进行养老保险制度改革。1997年，中国政府制定了《关于建立统一的企业职工基本养老保险制度的决定》，开始在全国建立统一的城镇企业职工基本养老保险制度。

起因

中国的基本养老保险制度实行社会统筹与个人账户相结合的模式。基本养老保险覆盖城镇各类企业的职工；城镇所有企业及其职工必须履行交纳基本养老保险费的义务。目前，企业的交费比例为工资总额的20%左右，个人交费比例为本人工资的8%。企业交纳的基本养老保险费一部分用于建立统筹基金，一部分划入个人账户；个人交纳的基本养老保险费计入个人账户。基本养老金由基础养老金和个人账户养老金组成。基础养老金由社会统筹基金支付，月基础养老金为职工社会平均工资的20%，月个人账户养老金为个人账户基金积累额的1/120。个人账户养老金可以继承。对于新制度实施前参加工作、实施后退休的职工，还要加发过渡性养老金。

发展

经过几年的推进，基本养老保险的参保职工已由1997年末的8671万人增加到2001年末的10802万人；领取基本养老金人数由2533万人增加到3381万人，平均月基本养老金也由430元增加到556元。为确保基本养老金的按时足额发放，近年来中国政府努力提高基本养老保险基金的统筹层次，逐步实行省级统筹，不断加大对基本养老保险基金的财政投入。1998年至2001年，仅中央财政对基本养老保险补贴支出就达861亿元。目前，基本实现了基本养老金由社会服务机构（如银行、邮局）发放，2001年基本养老金社会化发放率达到98%。此外，机关事业单位职工和退休人员仍实行原有的养老保障制度。

1991 年，中国部分农村地区开始进行养老保险制度试点。农村养老保险制度以"个人交费为主、集体补助为辅、政府给予政策扶持"为基本原则，实行基金积累的个人账户模式。

从 2009 年起开展新型农村社会养老保险试点工作。

■文苑拾萃

灵芝

灵芝又称灵芝草、神芝、芝草、仙草、瑞草，是多孔菌科植物赤芝或紫芝的全株。根据我国第一部药物专著《神农本草经》记载：灵芝有紫、赤、青、黄、白、黑六种，性味甘平。灵芝原产于亚洲东部，中国古代认为灵芝具有长生不老、起死回生的功效，视为仙草。灵芝主要分布在中国、朝鲜半岛和日本。灵芝一般生长在湿度高且光线昏暗的山林中，主要生长在腐树或是其树木的根部。灵芝一词最早出现在东汉张衡《西京赋》中"浸石菌于重涯，濯灵芝以朱柯"一文中。

耄耋老人拾垃圾做慈善

2002年2月6日上午，一位85岁高龄的老人将捡垃圾积攒下来的3万元现金，慎重地交到了上海市慈善基金会工作人员手中。此时，他那饱经风霜的脸上终于露出了微笑。他轻轻舒了口气，对陪同前往的程桥二村居委会主任奚国珍说："我终于了却了一桩心愿！"

老人名叫王立强，在长宁区程桥二村，几乎无人不知他的感人故事。十几年来，老人那两室一厅的居室，几乎天天堆满了捡来的旧报纸、旧衣服、饮料瓶等。夏天气味难闻，冬天得开着窗把"垃圾"晒干，可老人从不停止作业。一开始，人们不理解：一个干部，何苦要长年累月与这些垃圾为伍？可是，凡是与他交谈过的人，都会对他肃然起敬。

王立强曾有过18年的军旅生活，后转业到黄海，又辗转到上海崇明农场工作。1983年老人离休后，和老伴周美堂相依为命，住在程桥二村。1984年，老伴不幸患病瘫痪在床。"她既没有退休金也没有劳保，将来万一我先她而去，她靠什么生活呢？我决不能把这个包袱丢给政府、丢给社会！"于是，老人萌发了一个念头：捡垃圾，为老伴积攒一笔"养老金"。

由于老伴生活不能自理，老人每天起早给她洗漱喂饭，然后抓紧时间到街上走一圈，捡回一些废旧物品；中午回来洗菜烧饭，伺候她吃过午饭，再出去走一圈。晚上，老人专心致志地将捡回来的垃圾分类整理、堆放，随后送到废品回收站去。为了让垃圾卖个好价钱，老人常常舍近求远，多跑好几条马路。不管酷暑寒冬，刮风下雨，整整十几年，老人每天都重复着这样的生活。直到1999年，相濡以沫几十年的老伴离开人世。

没了牵挂，但老人不会忘记社会对他们的关爱。居委会的干部常常上门为他家打扫卫生，逢年过节给他家送上慰问品，现在又每天给他送上一瓶牛奶……于是，老人又有了新的想法，将积攒下来的钱捐给更困难、更需要帮助的人。他天天盯着居委会奚主任："请你帮我做件事，把钱捐给敬老院或孤儿院。"奚主任实在不忍心："你每天粗茶淡饭，满口牙齿拔掉后也舍不得装，都80多岁的人了，哪会没有个病痛，花钱的日子还在后头呢。"于是，这份心愿一拖就是一年。

2002年以来，老人一直没放弃过，天天缠着奚主任。一天早晨，老人特意换上平日舍不得穿的皮夹克，抱着垃圾堆里"捡"来的巨款，坐在奚主任的办公室里："你答应过的，6日前一定帮我联系好捐款单位，可别怪我脾气倔……"

面对这样一位老人，奚主任再也控制不住自己的感情，含泪陪同他来到上海市慈善基金会。老人向基金会工作人员表达了心愿：把这3万元捐给孤儿、孤老和残疾人。他说："亲手把钱交给你们，我放心了！"

■故事感悟

王立强老人十几个严寒酷暑不间断地捡垃圾是为了什么？为了心中的夙愿，不论是对待亲人还是有需要帮助的陌生人，他都献出了自己最大的爱心。老人的执著和崇高的品质是值得我们广大人民群众所敬佩和学习的！

■史海撷英

养老金计划

养老金计划是指为保障员工在退休之后的正常生活水平而实行的一种退休福利。它通常包括团体养老金计划、延期利润分享计划、储蓄金计划三种基本形式。养老金计划在欧美等发达国家是一项法定制度，我国的养老保险制度也在一定程度上借鉴了这种方法。

■文苑拾萃

敬老院

敬老院是老年人养老服务的社会福利事业组织，又称养老院。西方国家的养老院通常由地方政府或慈善机构主办，接收靠福利救济或低收入的老人。苏联的养老院，收养没有法定赡养人或因其他原因而不能在家生活的老年人。养老院的全部费用由国家负担，个人还可以按规定领取原来享受的养老金或抚恤金的一部分。

中国的敬老院是在农村"五保户"的基础上发展起来的。1956年农业合作化时期，农业生产合作社对缺乏劳动能力、生活没有依靠的鳏、寡、孤、独者，实行保吃、保穿、保烧、保医、保葬（儿童则为保教），简称"五保"。1958年，对五保户实行集中供养，在全国各地兴办了一批敬老院。1978年以来，随着农村实行联产承包责任制和集体经济的发展，敬老院得到进一步的巩固和发展。1988年，全国农村已有敬老院36665所，有756个县（县级市）在乡镇普遍办了敬老院。城市街道也办起了敬老院。

敬老院的收养对象主要是五保老人。有条件的敬老院，还接收享受退休金的自费老人，坚持入院自愿、出院自由的原则。许多地区还为优抚对象的孤老兴办光荣院，吸收符合条件的对象入院。敬老院贯彻集体事业集体办的原则，入院老人的生活费、医疗费、丧葬费等的供给，均由集体承担，统筹解决。贫困地区的敬老院，集体组织供给有困难的，由国家给予补助。

敬老院的宗旨是敬老养老，把安排好老人的物质生活和文化生活放在首位。敬老院经常组织一些老人参加力所能及的生产劳动和适合老人特点的文娱体育活动。有的乡镇把敬老院办成老年人的活动中心，为乡、镇社区的老人提供福利服务。

第三篇
同情弱者扶贫互助

残疾邵福临收养弃婴

2004年5月26日上午，在上海市慈善基金会10周年庆的图片展上，一位拄着双拐的、身穿绿色军装的中年男子跟在人群后面缓缓地进入展厅，目光专注地浏览着一幅幅照片。当他走近残疾英雄邵福临收养弃女的一组照片时，有几位眼尖的观众看着他忍不住说："你不就是图片的主人邵福临吗？"

故事要从20世纪70年代的一次大火开始。

40多年前的一天，正在车间干活的22岁的邵福临来到门口的茶桶旁喝水，这时碰到了一件意想不到的事。一个满脸灰尘、神色紧张的工人匆匆前来借灭火器。邵福临一听是船厂的"风雷号"失火了，抱起灭火器就跟那人赶向失火地点……

那次肆虐的大火给年轻的邵福临留下了脑震荡的后遗症，但小伙子没有后悔自己的义举。一年后的一天下班途中，他碰巧又遇到了高阳路上的一家仓库失火，再次义无反顾地冲入火中……这次因一氧化碳中毒，邵福临成了一名双下肢残疾的靠双拐走路的人。

邵福临是一位上进心强、性格倔强、从小对革命传统教育记忆尤深的青年。虽然受脑震荡影响，他的记忆有所损伤，但有一点他是决不含糊的，那便是对革命传统的坚守。他喜欢穿绿色军装，崇拜解放军，信奉革命英雄主义。正因为如此，当国家和集体财产遭受危险时，他都能挺身而出。同样，在20年后，当他遭遇人性和道德的又一大考验时，能再度做出断然的抉择。

1991年，邵福临偶然认识了一对摆地摊的外地夫妇。半个月后，那个正怀着3个月身孕的女人来找他，请求他帮助他们找一间临时栖身的房子，以备分娩之需。邵福临看她很困难，就把自家的房子借给他们住。那年的大年初五，一个女婴"呱呱"落地。邵福临和老母亲为产妇和婴儿端汤送水，付出了许多精力和物力。没想到，小孩刚满月，那对夫妇就留下孩子借外出旅游之名而一去不返了。

邵福临傻眼了。他是个手脚不便的残疾人，没有结过婚，根本不懂带孩子的事；而老母亲当时也已65岁了，不能过多劳累。望着"哇哇"啼哭的孩子，邵福临的心中犹如翻江倒海，怎么办？世上真有这样的狠心人，舍得扔掉自己的亲生骨肉，以前只在电影和小说里看到过这种事，没想到真让自己碰到了。他咬咬牙，一边擦着满脑门的汗，一边对母亲说：救人一命总是要救的，再怎么也得救！您老人家就当捡了个孙女，我这个没结过婚的人就学着当她的"爸爸"吧。

自从收养了孩子后，邵福临和老母亲就忙得团团转了。他常常要出门给孩子买尿布什么的，也要帮烧饭洗衣的母亲打下手。他的身体重度残疾，病痛老是折磨着他，骨头痛起来浑身像要爆炸一样。但他以难以想象的毅力忍受着病痛，尽全部的力量呵护着孩子。

家中经济条件很差，仅靠母亲微薄的退休金和他几百元的病假工资度日。邵福临作为"爸爸"，硬是把自己每天一瓶的牛奶省下来给孩子喝。听人家说进口奶粉营养丰富，他又借钱去买来给孩子喝。为了防止孩子因晚上蹬掉被子而着凉，他整夜整夜不睡觉地守在孩子身边……

这个柔弱的小生命在一个并无血缘关系的家庭里成长着，她的脸长胖了、会笑了，一点点地会坐了、会站了。有一天，邵福临永远记得那个幸福的日子——她用一双好看的大眼睛望着他，忽然模糊地叫了一声"妈妈"。邵福临一惊，奇怪地瞅着她，嘴里情不自禁地说："不对，不是妈妈，是'爸爸'……"没想到这时孩子小嘴一张，清楚地脱口叫道"爸爸！"邵福临激动得泪花在眼眶里打转，捧起孩子的小脸蛋亲了又亲。

邵福临收养弃女以后，受到了社会各界的关爱。

2002年，上海市慈善基金会理事长陈铁迪亲临邵福临家慰问，还送上了5000元慰问金。

当年得到这笔捐助后，家里为如何花这笔钱还起了"纷争"。邵母想给患有严重痔疮的儿子治病；邵福临认为该用这笔钱为女儿买份医疗保险，将来如果自己不在了，女儿好有个保障；小女儿却希望家里有一台冰箱，这样一来，年迈的奶奶就不用天天去买菜，爸爸也可以不再吃馊了的剩饭。

经济稍微宽裕了，邵福临送女儿去参加各种培训。他在自己的轮椅后面组装了一辆旧自行车，让女儿坐在自行车上，他在轮椅上摇，女儿在后面蹬。在街上，这样的骑车方式常引起路人好奇的眼光。

女儿在父亲的关爱下茁壮成长起来。这个特殊的家庭，在2001年也被评为上海肢残人"百户好家庭"。

就是这个简陋而又特殊的家庭，贫穷挡不住3颗爱心的涌动。虽然他们还背着4万多元的债务，但几年来他们已先后捐出1万多元。

故事没有完，爱，还在延续；情，仍在涌动。

■**故事感悟**

邵福临扶危救困，恤寡怜贫，一个残疾人能做到这些是多么得不易，他要承受生活多大的压力啊！但邵福临顶住了。在其艰苦奋斗、勤劳肯干之下，他的精神受到了社会的关注和赞誉，他的品德也受到了人们的赞扬。

■史海撷英

大兴安岭森林火灾

1987年5月6日至6月2日，在黑龙江省大兴安岭地区发生了新中国成立以来最严重的一次森林火灾。

该大火不但使得中国境内的72843平方千米（相当于苏格兰大小）的面积受到不同程度的火灾损害，还波及了苏联境内的48562平方千米森林。

这次火灾在大兴安岭地区的西林吉、图强、阿尔木和塔河4个林业局所属的几处林场同时发生。起火最初原因是一位林场工人启动割灌机引燃了地上的汽油造成的，灭火时只熄灭了明火，却没有打净残火和余火，致使火势蔓延失控。

■文苑拾萃

中国国际慈善基金会

中国国际慈善基金会（英文名 CHINA INTERNATIONAL CHARITY FOUNDATION 缩写 CICF）是由1000多名中央新闻媒体记者共同发起，若干社会志愿组织、热心慈善事业同仁参加的全国性非营利公益社会团体。依法于2006年9月19日正式登记注册，具有独立法人资格。本会宗旨是发扬人道主义精神，弘扬中华民族扶贫济困的传统美德，帮助社会上不幸的个人和困难群体，开展多种形式的社会救助工作，为建设和谐社会尽一份心力。

王永章抚养陌生残疾儿

王永章，是上海虹桥居委会居民人人称颂的"大好人"。他至今已经是快80岁的人了，但他几十年如一日抚养无血缘关系的残疾人的儿子任忠发的事迹，感动着所有的人。

事情还得从1986年9月的一天说起。

这天，王伯伯拖着疲惫的身子回到家，见老伴抱着一个瘦弱的婴儿。他正疑惑，老伴告诉了事情的原委——在残疾厂工作的小任夫妇都是聋哑人，妻子小时候得过脑膜炎，留下精神不正常的后遗症；8个月前生下了小忠发，由于无法抚养，所以小孩病弱不堪。老伴见了可怜，想带回来帮着抚养几天，待孩子体质好些了，再送回去。

王老伯想小夫妇能生不能养也是怪可怜的，但看孩子这么瘦小，怕养不好，反让他父母见怪。再说家里的生活本来就十分拮据，带个孩子日子不是更吃紧？这一连串的问题，促使王老伯不得不深入思考。但生性善良的王老伯看到孩子扑闪扑闪的眼睛好似在期盼着什么时，他下决心留下了小忠发。从此，王老伯劳累之余，总要和老伴一起照料孩子，喂牛奶、换尿片、洗尿片、逗孩子……

就这样小忠发一带就是好几年。看到同龄的小孩都上幼儿园了，小忠发怎么办？上幼儿园哪来的入园费？忠发父母维持自己的生活都十分艰难，根本没余钱为儿子付托费。老两口一合计，咬咬牙从自己家省吧。于是，老人用自己的钱送小忠发进了幼儿园。王老伯每天早上骑自行车送去，晚上骑自行车接回，风雨无阻。小忠发和所有的小朋友一样，过着幸福的童年生活。

眼见孩子一天天长大了，到了他上小学的年龄时，王老伯家里的开销也越来越大，老伴萌生了让忠发回自己家去的想法。开始王老伯不同意，这些年建立起来的感情怎能就此割舍？但家里确有实际困难又让他不得不妥协，于是小忠发回到了父母身边。

忠发走了，王老伯心里空荡荡的，他时时想着小忠发，他父母能安排他的生活吗？上学会不会迟到？作业能按时完成吗？买文具的钱有吗？……小忠发牵走了王老伯的心，他寝难眠，食无味，坐不宁，行不安。他还是每天清早起来赶到忠发家叫他起床，给他准备早餐，送他上学，给他买文具，安排他一天的生活。

就这样风雨无阻地照顾他一年后，王老伯觉得这样仍不是办法，决定接忠发回来，但遭到了老伴的反对。此时王老伯已在一家红木家具店找到一份晚上守店的活，他便让忠发白天到学校去上学，放学后随自己在店里吃、住、学习。这样的日子一直持续到忠发上初中。

就在王老伯带着忠发艰难度日的时候，忠发的父亲突发脑溢血。经抢救后虽脱离了生命危险，但必须住院治疗，还得请护理工日夜陪护。走投无路的忠发哭着找到王老伯，王老伯劝慰忠发要坚强，要安心学习，至于请护工等费用的事由他来想办法解决。几天后，王老伯终于想出了一个办法：将忠发家的房子一隔为二，其中一半租出去收房租。接着王老伯又忙着隔房、租房、收房租，使忠发家暂时走出了困境。

这时，忠发的一位表姐要将忠发接到她家去住。因表姐家的经济条件较好。为了让忠发能有一个良好的生活环境，王老伯强忍不舍，将忠发的衣服、被褥、学习用品、粮食补助卡等一并交给了他表姐。然而仅仅才过了一个月，表姐的婆母就不时地数落忠发：吃饭胃口太大、晚上写作业耗电、早晚洗漱费水。王老伯获知后十分伤感，心想决不能让忠发的身心受到这样的创伤。于是毅然将忠发又接回自己的家。

但是家人却不理解："连他的亲戚都没有亲情，我们和他非亲非故的，为什么硬要往自己家里揽？"王老伯说："忠发跟我们这些年了，什么也比不上这份情。你不带我带！"此时王老伯年岁已高，他带着忠发吃住在店里，店老板不高兴了，就把他辞退了。带着忠发有家回不去怎么办？居委会得知情况后，请王老伯去居委会值班，这样王老伯就带着忠发住进了值班室。从此，王老伯将所有收入和精力全部投入到对忠发的培养上，只盼着忠发早日成才。

因忠发家属特困户，政府每月发放给忠发250元的生活补助金，这些钱都由王老伯代领代管。考虑到忠发日后在学习上还需要花很多钱，所以领到补助金后，王老伯自己再添50元，凑够300元全存了起来。果真，这笔钱在忠发以后学习的日子里派上了大用场。

为了使忠发能读上书、读好书，当忠发考上高中了，王老伯高兴之余又为学费发愁。他专程找学校校长，多次恳求校长减免学费。王老伯的赤诚之心终于打动了校长，答应减免一半。他又找到居委会，居委会更被王老伯的善行感动，也答应解决一部分。剩余的学费，王老伯把忠发的生活补助金加上自己抠下来的钱一齐垫上去。终于，忠发可以和其他同学一起高高兴兴跨进明亮的教室。

忠发读高一了，而王老伯已是71岁高龄的老人了。居委会干部不忍心王老伯再守夜值班，就让他回家安度晚年。在这之前他的老伴也曾多次劝他回家，这次更是主动来帮他拿行李。王老伯回家见老伴已将忠发的床架好，褥子铺好，书桌放妥，这才心里踏实下来——忠发安顿好了。

转眼忠发读高三了，这可是关键的一搏啊！时值酷暑，为了让忠发有一个安逸舒适的学习环境，王老伯在忠发的房间里装了空调，可是转身忠发又把空调关了。王老伯从忠发的眼神里似乎发现了什么。找到老伴一问，老伴倒发话了："你疼忠发比疼自己的亲孙子还疼，你对家里哪还有情？"王老伯亦动情地说："孙子有全家人在疼，可是忠发，我不疼他谁还疼他？他也是要人亲、要人疼啊！"

这样的环境忠发怎能安下心来？王老伯决心忍痛将忠发送回他自己的家。面对家徒四壁的房间，王老伯咬咬牙，拿出自己省吃俭用攒下的全部积蓄，帮忠发装了空调、安了电话、摆了写字台。

从此，他又开始了早晚接送。为了让忠发的饮食有规律有营养，他每天下午准时把钱送到忠发手里，看他吃上可口的饭菜；为了让忠发有充足的学习和休息时间，每天晚上9点他还要接晚自习的忠发回家。他一直在关注着忠发的生活和学习，直到最后的冲刺。

当年的瘦弱婴儿，如今已长成1.88米高的英俊小伙。小伙子身材健硕、神采奕奕。当人们问及他的过去时，他动情地说："是爷爷历尽艰辛、茹苦含辛把我拉扯大，是爷爷教我做人的标准——真诚，是爷爷告诫我——服务人民、回报社会。"忠发即将面临高考，他说："考上大学，我将努力深造，做一名优秀的建设者；考不上大学，我将参加解放军，做一名忠诚的祖国卫士。"

忠发是不幸的，因为父母双残，使他过早地失去了父母的关爱；但忠发又是万幸的，因为有王老伯这样的人，用尽他晚年的心血抚育他健康成长。

十几年来，王老伯用他善良慈爱之心给了小忠发一生最大的温暖。王老伯的善心和爱心给了忠发一份希望和幸福，同时也让自己的晚年过得更加充实而有意义！

■史海撷英

大学扩招

大学扩招是指中华人民共和国境内自1999年开始，高等教育（包括大学本科、研究生）不断扩大招生人数的教育改革政策。扩招源于1999年教育部出台的《面向21世纪教育振兴行动计划》。文件提出：到2010年，高等教育毛入学率将达到适龄青年的15%。

此后高等教育的规模发生了历史性变化，在短短的五六年中，大学招生扩大了将近3倍，"大众化教育"取代了"精英教育"。至2005年统计结果显示，中国内地适龄青年高校在校人数居世界第二位，仅次于美国。但近些年扩招所带来的一系列社会问题不断突现出来，扩招将对中国现代化发展带来深远影响。我们国家已每年加大了教育经费的投资和采取相应的政策，来解决教育经费不足及大学招生问题。

■文苑拾萃

脑溢血

脑溢血，又称脑出血，它起病急骤、病情凶险、死亡率非常高，是急性脑血管病中最严重的一种，为目前中老年人致死性疾病之一。

中老年人是脑出血发生的主要人群，以40—70岁为最主要的发病年龄。脑出血的原因主要与脑血管的病变、硬化有关。血管的病变与高血脂、糖尿病、高血压、血管的老化、吸烟等密切相关。通常所说的脑溢血是指自发性原发性脑出血。患者往往由于情绪激动、费劲用力时突然发病，表现为失语、偏瘫，重者意识不清，半数以上患者伴有头痛、呕吐。

脑溢血发病的主要原因是长期高血压、动脉硬化。绝大多数患者发病时血压明显升高，导致血管破裂，引起脑出血。脑溢血，是指非外伤性脑实质内的出血。绝大多数是高血压病伴发的脑小动脉病变在血压骤升时破裂所致，称为高血压性脑出血。

张潍玲的伟大母爱

对小女孩汪奇超来说，1995年的冬天，是一个特别寒冷的季节。当时，她的妈妈重病住院，脸色就像涂了蜡的玻璃。在记忆中，妈妈从来都是病病歪歪的。妈妈生她时就患有肾病，医生告诫说生小孩有危险，但妈妈坚决地对医生说，"我和她爸爸太想要个小生命了，我要把这孩子生下来。"

后来，小超一点点长大了，妈妈的身体则一天天变得更坏，小便排不出，东西吃不下。在水厂泵站工作的张潍玲是小超的舅妈，这时怀着8个月的身孕，挺着大肚子来医院看小超的妈妈。躺在病床上的小超妈妈预感到自己时日无多，泣不成声地对张潍玲说："我最放心不下的是孩子，她才7岁呀……"

没多久小超的妈妈就去世了。小超的爸爸原本身体也不好，甲状腺开过刀，加上悲伤过度，人便迅速垮了下来，3个月后也去世了。

转眼间小超成了一个孤儿。在短短的几个月中，她先后失去了两位最亲的亲人。年仅几岁的她，猛一下子跌入了人生的冰谷。

舅妈张潍玲那时刚生了儿子小捷才两个月，她非常记挂小超。那天，丈夫去和姐夫那边的亲戚们商量小超的事情，回来后显得很疲惫。张潍玲急切地问："伯伯们怎么说，谁来领养孩子？"丈夫迟疑着，思虑再三后对妻子说："谁家都有些困难……要不，把小超接到我们家来？"

"我们家——"张潍玲的心沉甸甸的。这个家不仅有一个才两个月的小宝宝，还有一对患病的老人；沉重的家务活，繁忙的三班制工作，这一切已经使张潍玲忙得团团转了……但是，现在小超的父母相继去世，她小小年纪不能没有家啊。张潍玲心头一热，抬眼看着颇感为难的丈夫，轻声地但又十分坚决地说："我们来养孩子吧，小超不会成为孤儿的。"

张潍玲牵着小超的手走进了家门。小超的眼睛是明亮的，这里面没有乌云，她喜欢舅舅、舅妈，喜欢小弟弟，喜欢外公、外婆。这里就是她温暖的家呀。

这是个由6个人组成的大家庭。作为主妇的张潍玲要喂襁褓中的婴儿，要做饭洗衣，要照顾老人，还要管好小超的起居和学习等。张潍玲陀螺似的忙开了。婆婆见媳妇如此善待自己的外孙女，亲自把她接来家领养，像对待自己的亲生孩子一样爱护她，心中非常高兴。老两口儿也心疼媳妇，想帮着照看孩子，但毕竟年岁不饶人，他们也是三天两头躺倒在病床上。

最令张潍玲苦不堪言的时光，是公公因肺癌开刀，婆婆又胃部大出血，双双住进莘庄医院的那段日子。那时正值1997年的春节，别人家欢天喜地过春节，张潍玲却家里医院两头跑，和丈夫两人"接力赛"。她天不亮就起床，先给公公婆婆做好吃的送去，在医院把两位老人服侍好，然后匆匆回家一边洗衣服，一边起灶烧饭。

身边婴儿啼哭不止，她一只手抱起儿子，另一只手忙着捡篮子里的菜。这时小超从学校回家了，放下书包说："舅妈，我的肚子饿了。"张潍玲鼻子一酸，眼睛里泪水在打转，嘴里却只能说："马上就吃饭，马上……"她放下儿子，先让小超哄着弟弟，自己赶紧把菜端到灶上，又把双手浸入盆中搓洗衣服……小超的成绩在班级里属于一般。于是，在灯下，张潍玲每天要帮助孩子复习功课到很晚。

小超上初中了，花季少女有了自己的心思。以前买衣服都是张潍玲带她去，现在她喜欢独自去挑衣服。有一次，她买回来一条有花纹图案的裤子，张潍玲一看生气了，说："这种裤子奇奇怪怪的，不许穿到学校里去。"

有一段时间，小超迷上了电脑上网。张潍玲怕孩子上网后与社会上不明底细的人结交，也怕孩子在学习上分心。所以对她管得严了，不许她上网聊天。为此，小超心里很不快活。有一天，班主任老师打电话找张潍玲，说孩子一整天都没有到校上课。张潍玲顿时傻眼了，她四处寻找小超，找了一条街又一条街，找了附近的一家又一家网吧，就是没见小超的身影。她急得浑身是汗，眼冒金星。这时，老师通过同学提供的线索，在学校附近的一家网吧找到了小超，带她回到了学校，并打电话通知张潍玲到学校去领孩子。

在学校办公室里，班主任老师问起小超家里的情况，小超因一时负气说："舅妈对我不好，以前爸爸妈妈活着时也没这么严……"正巧张潍玲满身是汗急匆匆来到门前，一听此话，犹如万箭穿心，眼泪"刷"地流下来了。对孩子的千般好万般爱，却换来这样一句话——谁的心里能受得了呢？如果是自己亲生的孩子，这时打也可以骂也可以。但是，正因为小超不是亲生的，她必须耐心再耐心地说服、教育，把满腔的委屈和气恼吞咽到肚子里……张潍玲悄悄地抹去了泪水。

小超低下头去，不吭声了，她默默地跟在舅妈的身后回家。这是一个多么温馨美满的家呀，小超的眼前闪过往昔的一幕又一幕。过了一天，后悔莫及的她向舅妈道歉说："是我不对。"

张潍玲的家是一个普通工人之家，经济收入微薄。但她的心中有一条定律：再紧也不能紧孩子的生活和学习。

小超读初三了，这可是关键时刻。随着孩子们渐渐长大，家庭开支也越来越紧。张潍玲作为一个容貌俏丽的年轻女性，已经好久没给自己买衣服了，她穿的几乎都是从娘家带来的衣服。省下钱来，她决定要帮助小超"冲刺"中考，请一位家教老师。这天，她与农学院的老师联系上了。当对方得知小超的身世后，主动地将上课费减低，还将50元介绍费免了。渐渐地，看到孩子在学习上有了进步，张潍玲的心中踏实了不少。

小超的伯伯们和婶婶们每逢过年都要上门来探望孩子，老老少少坐在一起吃顿饭。看着两个健康活泼的孩子，感受着这一家子的和睦与欢快，伯伯们不禁充满感激地对张潍玲说："你要养大两个孩子，又要照顾好两位老人，真是辛苦！"

社会各界对孤儿的关心一直继续着，上海市慈善基金会、红十字会、镇政府、学校……有一次，小超悄悄地对舅妈说："我以后有了工作，第一个月的工资就全拿来给你。"而张潍玲却对小超说："你要记住回报的是社会对你的爱，还有那么多非亲非故的人曾给予你的帮助。"

几年寒暑流水过，今有硕果闹枝头。

当初的7岁小女孩如今已长成一位花季少女。当17岁的她牵起张潍玲的手，走进学校的教室——在新学年的家长会上，这位少女把仅比自己大17岁的"妈妈"介绍给老师和同学们时，老师和同学们都惊奇地问："你妈妈怎么这样年轻呀？"汪奇超的眼里闪烁着泪花，喜滋滋地说："因为她有一颗善良的心啊！"

□ 故事感悟

张潍玲勇敢地挑起了抚养两个孩子的重担，她没有被生活的艰辛所压倒，反而把小超照顾得无微不至。张潍玲崇高的"母爱"带给了孩子幸福，也给自己带来了快乐。她是一位伟大的母亲！

□史海撷英

我国公益事业基金会立法的历史演变

1988年，国务院颁布的《基金会管理办法》是我国第一部关于基金会的立法。该办法第二条规定：本办法所称基金会是指对国内外社会团体和其他组织以及个人自愿捐赠资金进行管理的民间非营利组织，是社会法人团体。该管理办法第一次通过立法的形式明确了基金会的法律性质和法律地位。1989年，国务院常务会议通过的《社会团体登记管理条例》再次确认了基金会作为社会团体的法律性质和法律地位。1999年以前，我国对基金会的登记管理主要依据上述两项法规，实行业务主管单位、人民银行和民政部门三方负责的管理体制，即业务主管单位同意，人民银行审查批准和民政部门登记注册。实际上是把基金会视为金融机构或准金融机构。

十多年来，《基金会管理办法》对于规范基金会的行为，促进基金会的健康发展起到了重要的保障作用。但是，这个办法对基金会的组织形式、内部决策程序、财务会计制度、资产使用管理、社会监管机制等许多环节未作规定；其他一些规定内容也都打上了当时经济体制的烙印，不完全符合基金会作为独立法人应当具有的法律地位。随着改革开放的深入和市场经济体制的逐步完善，《基金会管理办法》已经不适应基金会发展和管理工作的实际需要。与此同时，基金会的管理体制也发生了变化。1999年开始，中国人民银行不再参与对基金会的管理，基金会的登记管理统一归口民政部门。《基金会管理办法》中确定的基金会的管理体制不再予以适用，民政部门不能依据《基金会管理办法》继续登记注册基金会。

基于以上原因，从2000年开始，民政部开始对《基金会管理办法》进行全面修订，多次召开座谈会和专题研讨会；经过反复论证，借鉴和吸取其他国家有关基金会管理方面的有益经验，几易其稿。经过一系列的充分准备，《基金会管理条例》终于在2004年6月正式颁布实施。

□ 文苑拾萃

公益组织

在公益组织方面，当前健康发展的中心问题是信誉问题，也就是建立可问责制。综观美国基金会的历史，可问责的问题始终是政府和公众关心的焦点，反映在国会每隔一个时期就要举办的大大小小的听证会和调查活动。基金会和政府经过长期的对话、磨合，才制定比较合理而成熟的法律，既保证基金会的透明度和可问责，又不妨碍其顺利工作。另外，民间出现许多自发的监督组织，基金会本身也成立诸如"基金会理事会"这样的组织，既维护本身的权益，也起到了自律作用，这样，内外都有监督机制。这一问题对中国的公益组织和捐赠活动特别重要。

《新条例》针对各类弊病制定了相应的条款，对基金会的管理制度、人员资格、透明度等作出了明确的要求，如果都能得到执行，将有较大改善。但是在中国，执法问题比立法更重要，基金会并不是孤立于整个社会的。为了保证各项法规得到贯彻，还需要健全而可行的监督机制。2004年8月颁布了"民间非营利组织会计制度"，于2005年1月开始执行。新的会计制度吸收了欧美的经验，并根据中国国情加以改进。这是一项重要的发展，大大有利于非营利组织改进管理、加强可问责度和财务的透明度，并有助于政府和公众的监督。

残疾弃儿浮强的幸福生活

1974年的夏天，一个出生不久的婴儿漂浮在黄浦江上。这触目惊心的一幕不久就被人发现，有好心人救起了这个不幸的孩子。襁褓中的小男婴粉粉嫩嫩惹人爱怜，这么可爱的婴儿出生才几天就遭亲生父母抛弃到底是为了什么呢？

一解开襁褓就真相大白了。原来是个先天性残疾儿童，他的两只小脚丫与正常人不同，是朝后生长的。抚养这样的残疾孩子要花费的金钱和精力是无法估量的，而他长大后能否独立生存也不得而知。可能就因为这些原因，孩子的父母狠心地将他抛入江中。

小婴儿似乎明白自己的悲惨命运，反而萌生了极强的生命力。在黄浦江中漂浮了许久之后，被人救起时居然安然无恙。当地的儿童福利院收留了他。

因为他是浮在水面上被人发现的，所以"浮"这个字就成了他的姓；福利院的老师希望他能自强不息，就给他取名为强。

一晃24年过去了，浮强已长成一个大小伙子。福利院的环境虽然安全却相对闭塞，长大了的他甚至没有一个最为普通的家庭关系概念。他从来弄不明白爸爸、妈妈、叔叔、舅舅指的是一种什么关系，而且对外面的世界也有一种莫名的恐惧感。

1998年的一天，浮强正在专心修理一辆自行车，碰巧市民政局来人到福利院考察工作。那人站在一边观察他，目睹了浮强修车的技术，觉得浮强是个聪慧的小伙子，便提出让浮强走出福利院走进社会。于是，一个星期后浮强怀着惊恐不安的心情离开了生活20多年的福利院。

　　民政局为他找到了一户寄养家庭，浮强开始了他的新生活。

　　这个家的男主人叫陈纪明，是一个老三届的知青。陈纪明当年白手起家，从做垃圾筒的生意开始，到如今已拥有相当规模的厂房和雄厚的资金。公司的产品也从环保垃圾筒扩展到了垃圾车、生态免水冲流动厕所等。不懈努力的他把自己的成功更多地归功于社会，于是他成了慈善工作的积极支持者。因此，当民政局同志和他商量要他终生认养浮强时，他和家人没有任何犹豫就答应了一个常人难以接受的要求。

　　陈纪明把浮强安排在自己的工厂里，让他学焊接、学做垃圾筒。浮强很聪明，早在福利院的时候，他就靠着自己不断的摸索，把修理自行车、修理收音机、电视机的技术都学会了。因此，他学起焊接来一点儿也不费力，后来又学会了装配和烧氩焊等技术。

　　浮强还特别喜欢动脑子。通常一遇到问题，他闷头想一个晚上第二天就能拿出行之有效的解决方案，连厂里几个有多年工作经验的老师傅也都不得不竖起拇指夸奖他；甚至连"爸爸"陈纪明都弄不明白的万能表，浮强也能摆弄。这些在给了陈纪明惊喜的同时也增加了他的信心。

　　说起浮强，陈纪明自豪的心情无法掩藏。他夸浮强在家里装的录音棚效果达到专业的水准，还说浮强现在不仅是员工，还是班组长，监督产品的质量。浮强还被评为厂生产积极分子、"五四"标兵，是大家公认的学习榜样。而最令陈纪明欣慰的是，浮强懂事明理，他始终怀着一颗报恩之心，希望通过自己努力工作，为公司多出一份力。

浮强的"妈妈"叫金静曙。对于浮强来说，遇见金静曙是幸运的，因为她是一个有着菩萨心肠的好"妈妈"。

浮强刚进入这个家的时候，金静曙一眼看出了这个孤儿的孤寂之心，怜爱之心顿时升起，使她心甘情愿地像照顾自己亲生孩子一样来照顾浮强、呵护浮强。

浮强进新家才一个月就病了。那一场突如其来的阑尾炎，大大拉近了浮强与金静曙的距离。那天在医院门口，由于没有带足够的钱而无法住院治疗。浮强站在风中忍受着剧痛，金妈妈焦急得泪流满面。手术后，金静曙像亲妈妈一样，每天陪伴在浮强的病床前，病房里别的病人及家属都十分羡慕浮强有个好妈妈。

浮强虽然很聪明，但在人际关系的问题上却"笨"得很。20多岁的人了，金妈妈叫人家什么他也跟着叫人家什么，把舅舅叫成弟弟，把外婆叫成妈妈的笑话闹出了不少。为此，金妈妈不断给浮强进行强化补习，让他弄清什么叫作外婆，什么叫作姨夫。最后，浮强终于弄明白了日常的人际关系，不再闹笑话了。

浮强在"妈妈"的关心下越来越会表达自己的感情了。从前"妈妈"生病的时候，他不懂得如何表达担心和关怀，只是张大了两只纯真的眼睛傻傻地看着"妈妈"，呆呆地找不到任何语言来表达自己的感情。后来，在"妈妈"的感染和指导下，浮强开始学会怎样表达自己心中的真情实感了。前些日子"妈妈"生病，家务活和工作又让她忙得记不得准时吃药。浮强看到"妈妈"这样繁忙，就学着"妈妈"照顾自己的样子把药按照每天次数和每顿的分量分配好，让"妈妈"

能方便地按时吃药。为了照顾"妈妈"，他还藏起了床单、被套，自己悄悄地洗干净。

陈纪明夫妇对浮强体现出一种超乎血缘的亲情，使从来没有亲人疼爱的浮强第一次强烈地感觉到家的温暖。感情是要靠时间来慢慢培养的。一开始浮强叫陈纪明夫妇为老板、老板娘，经过了一件又一件感人的事，他对陈纪明夫妇产生了难以磨灭的亲情，终于有一天他开口叫"爸爸""妈妈"了。这一叫，就再也没有改口。

陈纪明有个女儿叫陈翡莹，是一个活泼开朗的女孩子。爸爸妈妈都叫她翡翡，自从浮强进了陈纪明家门，便又多了一个人叫她翡翡。

翡翡一直希望自己有个像电视剧里一样照顾妹妹的哥哥，浮强的出现让她如愿以偿。浮强刚来的时候很腼腆，不愿多说话，她就经常主动地逗他说话，主动地邀他出去玩，很快地两人就熟悉了起来。生性活泼开朗的翡翡从来不把浮强当成外人，她非常乐于和浮强一起分享爸爸、妈妈的爱。如果有人问她"哥哥"来家里多久了，她还会觉得很奇怪，因为在她心目中，哥哥似乎是在她出生前就已经在家里等着她了。

3月28日对于浮强来说是个很特殊的日子，那是他第一次迈进陈纪明家的日子，于是他把这一天定为自己的生日。在福利院长大的浮强没有生日的概念，直到他到了陈纪明的家后，"妈妈"专程赶到福利院，找了浮强的资料，估算了可能是他生日的日子给他过了生日，他才了解了"生日"的意义。但是浮强更希望能用3月28日这个对他的一生来说至关重要的日子作为他的生日。

"爸爸""妈妈"最关心的还是浮强的婚姻问题。"爸爸"陈纪明甚至愿意给浮强未来的妻子安排工作。他已经为浮强考虑好了，他们给浮强的家毕竟只是暂时的，浮强将来的家还需要他自己去开创。他和金静曙并不求浮强报答，因为他们始终坚信一句话"好人必有好报，好人一生平安"。

■故事感悟

陈纪明夫妇的无私帮助让浮强感受到了家庭的温暖，让他有了属于自己的家。陈纪明夫妇无私奉献的爱心让我们感受到了社会的真情和温暖，更加清楚地认识到这个社会是一个温馨的、和谐的和催人向上的社会。

■文苑拾萃

黄浦江

黄浦江（常误写为"黄埔江"），始于上海市青浦区朱家角镇淀峰的淀山湖。黄浦江全长约113千米，河宽300—700米，终年不冻（除清朝时期有过冰冻记录），是中国上海重要的水道。在吴淞口注入长江，是长江入海之前的最后一条支流。它流经上海市区，将上海分割成了浦西和浦东。

黄浦江旧称黄浦，别称（黄）歇浦、春申江，因旧时讹传为战国楚春申君黄歇疏浚而得名。发源于太湖，东流经青浦区淀山湖，出湖后到闵行区邹家寺嘴折向北流，是历史上太湖水排泄入海的"三江"水道之一，古称"东江""横潦泾"。

黄浦江是一条多功能的河流，兼有饮用水源、航运、排洪排涝、纳污、渔业生产、旅游等多种利用价值。自来水取水口上移至上游以后，黄浦江上、下游的功能就各有所侧重。为了保护水质不受污染，上海市已将闵行西界以上的江段及淀山湖等划为水源保护区，把龙华港至闵行西界江段划为准水源保护区。

黄浦江在穿越市区的60千米江段，水面宽阔，深度较大，是上海港客货码头所在地。上海港为我国吞吐量最大的进出口港。沿黄浦江两岸，

先后建起的大小码头有 100 多个，其中万吨级深水泊位约有五六十个。码头岸线长度已超过 10 千米多。黄浦江是一个河港，但又兼有海港性质。江上航道总长约 60 千米，平均宽 260 米，吃水深度在 8 米以上。为了开通黄浦江对市区东西交通的阻隔，已建成多条江底汽车隧道和大桥。

黄浦江是上海旅游的一个重要的传统旅游节目，不仅在于黄浦江是上海的母亲河，代表着上海的象征和缩影，还在于浦江两岸荟萃了上海城市景观的精华。从这里可以看到上海的过去、现在，更可以展望上海的灿烂明天。

他是60个孩子的爸爸

当年45岁的国家公务员孙金耀，为了实现母亲的临终遗愿，在奉贤平安镇上购置了近两亩土地，大兴土木造房子。这不是建设孙家的孙家宅院，而是建造一座可以让孤老和孤儿们过日子的"福利院"。按照老人以及孩子"过日子"为标准的福利院的建设，从购置土地到造房子配设备置家具聘员工，他前后的投资达到了700万元。

2000年当一座花园式福利院正式建成以后，孙金耀做的两件事情是：第一件事情是毅然辞去了国家公务员的职务；第二件事情是去上海市儿童福利院领回了30个孤残儿童，做起了他们的爸爸。没过多久，他就觉得30个儿女似乎还少了一点，更何况，上海还有那么多的孩子在过着没有爸爸的痛苦生活……于是，孙金耀又在2002年7月18日与上海市儿童福利院签约领回了另外30个儿女。从此，60个孤儿们便有了一位可亲可敬的慈父。

从来到人世间的第一天起，这些孩子就与别的孩子不一样，他们没有妈妈也没有爸爸，同时也没有属于自己的家。孙金耀为了让这些孤儿有一个爸爸以及有一个属于自己的家，他花了700万元建设了一座童话般的美丽宫殿。这座在奉贤平安镇上的上海广慈福利院，掩映在浓浓绿荫中，淡黄色与咖啡色相间的外墙立面很洋气，尖尖的屋顶有点像洋房。花园里，金桂、银桂、金橘、桃树、李树等十几种果树，栽种在雪松、广玉兰、棕榈树等大树间；梅花、盘槐等树种随时可见。在草坪和灌木丛中，还套种着蚕豆、番茄、长缸豆、黄瓜、青菜等，孙金耀说那是为了让孩子们能吃到自己种植的无农药的绿色疏菜；他还种了许多甜芦粟，买来了大型的榨汁机，来改善他们的饮食质量。

这是一幢1000多平方米的三层楼和一幢200多平方米的平房，有各种适应孤残儿童居住的功能。这里应有俱有，有卧室、教室、活动室、阳光室、健身房、儿童康复室、娱乐厅，有现代化的厨房，还有农家味道的灶间，更有医务室、洗衣房、储藏室和仓库等。反正，只要是孩子们过日子的需要，他都一一为他们配好了。就说厨房吧，现代的厨房设备样样具备，并有熟食间等，完全是按照星级饭店的标准配备的。孙金耀介绍，灶间有三大用处：一为焚烧垃圾，二为节约能源，三为儿女们烧点菜饭等。

孙金耀说家就得像个家。为了像个家，他放着黄浦区一幢石库门房子不去住，而是把自己的卧室也搭在了孩子们中间，与太太一起在这里与儿女们同起居。

由于这些孩子都有着不同程度的残疾，命运曾带给他们很大的痛苦，使年纪小小的他们过早地体验着许多别的孩子所难以想象的艰辛与苦难。当了他们的爸爸，孙金耀一心想让他们过上美好的生活，为此他自己吃了不少的苦。60个孩子个个都是比较严重的残疾儿，除了一个孩子的病较轻以外，其他的孩子都是重病重残。记得第一次30个孩子来的那一天，孙金耀就准备了100条尿布，心想足够使用了。谁知道来的孩子不论多大都使用尿布，不到两个小时，100条尿布全部湿了；他打开衣柜把床单被套全撕了做尿布还是不够。这时一颗慈父的心痛极了：最大的孩子已经16岁，就是弱智也得让他们摆脱尿布之苦啊！于是，他发动阿姨们进行了一项脱掉尿布的重大工程，对孩子们进行观察训练，摸准了他们的排便规律，辅导他们自行排便。经过几个月的苦苦训练，如今，大部分的孩子终于不用尿布也不用坐尿桶了。

由于弱智、肢残的原因，这些孩子从生下来就是两种方式吃饭：要么有人喂，要么就是用手抓，什么筷子、勺子一概不会使用。孙金耀再次实施又一个重大工程，让儿女们自己学会用筷子和勺子吃饭。他想方设法在菜肴等方面吸引孩子们的食欲，借此来引导他们学会使用筷子和勺子。一餐不行两餐，一天不行两天……坚持数月，儿女们还真学会了使用筷子和勺子吃饭了。

孩子们与生俱来的病残之躯，聋的、哑的、盲的，更有癫痫症、严重的精神分裂症、严重的疝气症、上颚缺损症、肌肉萎缩等疾病。为了这些孩子的健康，他专门安排好了治疗的计划。在短短的3年多时间里，已经使两个哑巴开了口，为一位严重的疝气患儿治好了病，为一个上颚缺损者补了颚。有一个孩子双腿剪刀叉，他看着这个孩子大小便及起居的痛苦，在医生都认为没有办法进行治疗的情况下，他仍然不放弃；每天对他进行几个小时的物理治疗，发誓要把他的双肢分开，让他像正常人一样站起来……有几个孩子患有严重的精神分裂症，整天一个劲儿地头撞墙。他想尽办法把他们的头保护起来，不让他们自残……哪个孩子有恙，他会不顾一切送医院，不惜任何代价保证他们的健康。

为了让这些孩子接受教育，孙金耀煞费苦心。他将60个儿女按照智力、年龄、残疾程度等分门别类进行教育，从教儿歌到认植物，从教唱歌到数数，一切从头开始。为这些残疾儿童上课，可谓难于上青天，但他想尽办法施教。如教数学的时候，买了许多孩子们想吃的东西，用这些东西教他们10以内的加减法，谁做对了就可以把它吃了。这一套还真灵，有许多孩子已经会10以上的加减法了。那个时候孙金耀正是比自己的女儿考出了钢琴八级证书还要高兴啊。

孙金耀常说，这些教育的最终目的还是要让他们为将来掌握力所能及的技能打下基础。目前已经有3个孩子在15岁以上了，将来我老了他们怎么办？于是，他又为年龄稍大的学生上劳动技能课，并四处奔波，联系一些生产厂家，将简单的手工机械的活计给出一部分让他们做。这样可以让这些孩子增强一些自信，可以让他们有规律地平静地生活，还能让他们赚点零花钱。

时间长了，孙金耀想，这些孩子尽管有了他这么一个爸爸，但是还应该为他们找爷爷奶奶、外公外婆才对。于是，孙金耀又忙开了。为了让他的儿女们得到更多的长辈之爱，他还计划收养一批社会孤老，并且已经在硬件上做好了全面的准备。届时，儿女们不仅有爸爸妈妈还有爷爷奶奶外公外婆。这是最好的一种教育形态，让他们的身心找到新的慰藉。

为了60个儿女，他不仅辞掉了公务员的职务，他的妻子还停掉了长期经营的珠宝生意，夫妻两人双双白了头发。常常有人说他们夫妇俩太傻了，但是他和他的妻子却是骄傲而又幸福的。每次外出回来，或者是大型的活动，60个孩子会齐声叫他爸爸，那个时候他俩心里的那份甜啊就别说了。有个3岁的男孩子，至今不会开口说别的话，却会叫他们夫妇俩"爸爸妈妈"；这个孩子还死活不肯与别人睡，一定要跟爸爸妈妈睡。一次孩子跟他到市区办事，在自己的家门口，一转身的工夫把孩子丢了。他找啊、叫啊，3个小时后，在豫园门口下棋的人堆里，孩子听到了他的声音，高喊着爸爸扑向他的怀里。从此，他与这个孩子寸步不离……

做60个孩子的爸爸是非常不容易的。为了照顾60个孩子的生活起居，光员工就有20多个，每个月的开销近5万元。为此社会各界向他伸出了援助之手。上海市慈善基金会专门送给他一辆面包车，还为他落实了每个孩子的生活补贴费；上海市儿童福利院也给予了一定的补贴；上海民政部门也将他的福利院定为沪上第一家由个人建设的规范福利院。他的国外亲戚也常常寄钱给他，让他为儿女们买点吃的和穿的。就连他的女儿也对他表示，家里的财产她不想多要，让他尽管把钱贴补给其他的儿女们。

□ 故事感悟

孙金耀是骄傲而又幸福的。他把心放到了60个儿女的身上，有家庭以及社会各界的支持，他会义无反顾、一如既往，将父亲的责任进行到底，让他的儿女们过得好上加好，让他们过上属于他们自己的幸福生活。

□ 史海撷英

公务员来源

公务员是伴随着国家的产生而产生的，只要国家机器一建立，公务员制度必定随之建立。值得一提的是，中国早在605年（隋大业元年）建立了世界上最早、最完善的"公务员考试制度"，即"科举制"。并被后来的欧美各国争相效仿、改进。但"公务员"一词却是从日本引进的，日本古代称此为"文官"，第二次世界大战后才改名为"国家公务员"。

在国外，公务员的概念有大有小，范围不尽一致，大致说来有3种类型：

第一种是小范围的，公务员仅指中央政府中非选举产生和非政治任命的事务官，不包括由选举或政治任命产生的内阁成员及各部政务次官、政治秘书等政务官。这种范围同国家公务员法规的适用范围相一致，英国及许多英联邦国家基本属于此类。在英国，公务员是指那些不与内阁共进退，经过公开考试择优录用，没有过失可以长期任职的文职人员。

第二种是中等范围的，中央人民政府的所有公职人员，包括政务官与事务官都称为公务员，但适用于国家公务员法规的只是事务官。美国基本属于此类。美国把公务员称为"政府雇员"，"政府雇员"是范围很广的一种称谓，它包括除军事人员以外的所有政府雇员。

第三种是大范围的，把从中央到地方政府机关的公职人员，除国会议员以外的工作人员。审判官、检察官、国有企业和事业单位的工作人员统称为公务员，并有"国家公务员"和"地方公务员"之别，有"特别职"与"一般职"之分。"一般职"公务员是指政府系统中非选举产生和非政府任命的工作人员，是国家政府系统中的事务官，即非选举产生和非政治任命的政府工作人员，适用于国家公务员法规的，只是"一般职"的国家公务员。日本、法国基本都属于此类。

从以上3种类型，不难看出，我国基本属于第二种概念的划分。

□ 文苑拾萃

上海市慈善助学

"手拉手"结对助学，是上海市慈善基金会开展助学活动的一个重要形式。凡愿意资助困难学生的单位或市民，均可到市慈善基金会助学部提出申请。由助学部提供求助学生的资料，供资助方选择结对助学，资助的学生人数不限。结对助学的费用，凡资助一名大学生或高中生，每年需2500元；资助一名初中生，每年1500元；资助一名小学生，每年1000元。

上海市慈善基金会还与《解放日报》合作，常年开展"手拉手"结对助学活动；每年两次组织资助方与受助学生见面，以增进双方的感情和了解。历年来，结对助学共使用资金1800余万元，已使1.2万余名困难学生得到了资助。

2005 年，曾担任中共上海市委第一书记的陈国栋及夫人沈一尘同志的亲属，捧着两位老人拳拳之心的 20 万元人民币来到上海市慈善基金会；并转达国栋夫妇的生前遗愿，把他们的积蓄献给社会，用于帮助贫困学生完成学业。同时，两位老人的儿孙们也捐出了 30 万元。

上海市慈善基金会将此 50 万元作为启动基金，专项设立了"国栋慈善助学基金"。同时向全市广大共产党员、领导干部和社会各界人士发出倡议，积极为"国栋慈善助学基金"募集资金，帮助家庭困难、品学兼优的学生完成学业，成为国家栋梁之才。

这一倡议得到了社会各界的广泛响应，短短几个月中，使"国栋慈善助学基金"增至 500 余万元。该基金资助对象为本市低保家庭、低收入家庭中的高中生、大学生以及其他特殊需要的孩子们。二批已出资 20 余万元，资助了 100 余名困难学生。凡需申请"国栋慈善助学基金"的困难学生，可按"一口上下"的原则申请报批。